"十三五"江苏省高等学校重点教材

编号：2019-2-029

大学生就业创业
核心能力培养实务

主　编　杨雪琴　朱佳艺

副主编　徐　悦　周　嫄　刘文庆

编　委　宋　旻　刘　雄　杨　双
　　　　张晓娜　庞　军　徐　进
　　　　路晓丽

 南京大学出版社

图书在版编目（CIP）数据

大学生就业创业核心能力培养实务 / 杨雪琴,朱佳
艺主编. -- 南京：南京大学出版社,2020.1(2023.1重印)
ISBN 978-7-305-20833-1

Ⅰ. ①大... Ⅱ. ①杨... ②朱... Ⅲ. ①大学生-职业
选择-高等学校-教材 Ⅳ. ①G647.38

中国版本图书馆 CIP 数据核字(2020)第 015077 号

出版发行　南京大学出版社
社　　址　南京市汉口路 22 号　　　　邮　　编　210093
出 版 人　金鑫荣

书　　名　**大学生就业创业核心能力培养实务**
主　　编　杨雪琴　朱佳艺
责任编辑　黎　瑛　　　　　　　编辑热线　(025)83305645

照　　排　江苏圣师印刷有限公司
印　　刷　南京玉河印刷厂
开　　本　718×960　1/16　印张 14.5　字数 273 千
版　　次　2020 年 1 月第 1 版　2023 年 1 月第 4 次印刷
ISBN　978-7-305-20833-1
定　　价　42.00 元

网　　址　http://www.njupco.com
官方微博　http://weibo.com/njupco
官方微信　njupress
销售热线　(025)84461646

前　言

当前,智慧教育时代到来,教学关系已经发生深刻变革,学生的主体地位受到重视。课堂教育是一个双向交流反馈的互动生态系统,应充分关注学生的个性化、差异化需求。如何适时地培养大学生从成熟的"学习能力人"进一步转型为高素质的"职业能力人",提升大学生就业创业核心能力,使之从容迈向职场,是从事就业创业指导教师亟须关注的问题。

为了更好地推动大学生职业生涯规划教育和就业创业教育,全面落实教育部办公厅下发的《大学生职业发展与就业指导课程教学要求》,我们编写了《大学生就业创业核心能力培养实务》一书。本书重点剖析了职业发展在大学生人生发展中的重要地位,旨在为大学生就业创业能力的赋能教育提供决策参考,为进一步提升就业创业指导课程教学质量提供探索方案。

本教材紧密结合改革开放和发展市场经济条件下大学生就业创业意识多元、多样、多变的新特点,紧紧围绕职业规划能力、求职就业能力和创新创业能力等大学生就业创业核心能力的培养架构内容。全书共九章,内容包括"认识生涯规划""自我探索与外界探索""职业生涯决策与管理""大学生就业素质修炼""就业材料准备""就业心理调适""创就业政策与就业程序""探秘创新世界""创业行动",涉及大学生职业生涯规划、就业创业诸多方面。

本书内容全面,体例设置合理。每一章均提出了明确的学习目标要求,并设置引导案例引发小组讨论,同时辅之以翻转课堂、拓展阅读等环节,力图通过丰富多彩的实践活动,真正使就业创业核心能力内化于心、外化于行,助力大学生就业创业行动,真正实现高校就业创业指导"稳就业、促创业"的关键指导作用。

本书是集体智慧的结晶,撰写者均为在生涯教育、就业创业教育工作多年的一线教师,具有扎实的理论功底和丰富的实务经验。全书由杨雪琴、朱佳艺担任主编,徐悦、周嫄、刘文庆担任副主编,负责创意策划、大纲制定、写作风格确立等宏观层面的工作,并就每一章的体例设计、知识要点、表达方式等微观层面的细节与有关作者进行反复磋商、讨论。具体分工如下:第一章,宋旻、刘文庆;第二章,周嫄、杨雪琴;第三章,杨双、徐悦;第四章,张晓娜;第五章,朱佳艺;第六章,路晓丽、杨雪琴;第七章,庞军;第八章,刘雄;第九章,徐进。

在本书编写过程中,我们参考和借鉴了中外学者的相关著作和研究成果,已经尽可能地在书中做了说明或者列在参考文献中,在此表示感谢。限于编者的水平和经验,疏漏在所难免,敬请读者朋友们批评指正。

编　者

2019 年 12 月

目录

第一章

认识生涯规划

本章学习目标

- 了解生涯规划的概念和意义。
- 树立生涯规划的意识。
- 掌握生涯规划的程序和步骤。

引导案例

A 同学是大一新生,刚入学就觉得大学生活很无聊,自己除了打游戏也没有别的爱好,每天除了学习还是学习。但他又感觉考 90 分和 60 分没什么区别,所以也没什么学习的动力。有时候他会很焦躁,不知道毕业以后可以做什么,可同时又觉得这是到大三才应该考虑的事情。

B 同学开学就要上大二了。他每天都很忙,上课、听讲座、参加社团活动、考证……但他又不知道自己在忙什么。有时候他觉得很累,可一想到要为毕业后的工作打好基础,就觉得现在的努力也许是值得的吧。有时候他又很茫然,觉得自己忙得没有头绪,不知道自己现在的付出对将来的发展到底有没有作用。

C 同学是一位旅游管理专业的大三学生。在刚进大学的时候,她对自己的目标很明确:考专转本。这主要来自她父母的意见:"现在大学生这么多,专科学历能找到什么好工作?"她一开始也很同意,但是随着大学生活的深入,她参加了很多社团活动和兼职工作,并且乐在其中。慢慢地,她发现自己喜欢旅游,而且也擅长做和人打交道的事情,反而并不是很喜欢读书。可对于大专毕业生能不能找到好工作,她还是很怀疑。所以尽管很煎熬,她也依然每天复习准备专转本考试。

【小组讨论】

在大学生活中,有的同学对自己的未来考虑得很明确,每天一步一个脚印地坚定前行;有的同学对未来没有想法,可时不时地又会感到焦虑不安;有的同学每天忙忙碌碌,却不知道自己应该努力的方向;还有的同学对自己的未来看似有想法,但又不能确定,甚至觉得自己定下的目标难以实现。亲爱的同学们,你们对未来的想法是什么?

多数同学对未来的困惑主要体现在两个方面:一是我要去哪儿;二是我如何去。本章将帮助同学们解答困惑,明确生涯目标。

第一节　生涯规划的基本概念

一、什么是生涯

在日常生活中,我们经常听到"生涯"一词,如"运动生涯""演艺生涯"等。《辞海》对"生涯"一词的定义是:从事某种活动或职业的生活。"生涯"一词的英文是"career",从词源上看,它源自拉丁文"carrus",意为战车,后来引申为马车车轮留下的印迹。在西方,"career"一词隐含探索、竞技和冒险之意。现代的"生涯"一词则被引申为人生发展的历程。因为时代、文化背景、观点视角等方面的差异,国内外学者对"生涯"的定义也有所不同。

目前大多数学者接受的"生涯"的定义是美国职业生涯规划教育大师舒伯(Super)的观点:生涯是生活中各种事态的演进方向和历程,它统合了人一生中的各种职业和生活角色,由此表现出个人独特的自我发展形态。生涯也是人生从青春期到退休之后一连串有酬或无酬职位的综合。除了职业以外,生涯还包括了多种与人的社会性属性相关的角色,如子女、学生、配偶、父母和公民等。

> 生涯是生活中各种事件的演进方向和历程,它统合了人一生中的各种职业和生活角色,由此表现出个人独特的自我发展形态。
> ——舒伯 (Super.1976)

图 1-1　舒伯关于生涯的观点

"生涯"这一概念的提出给了我们一个系统审视自己人生或职业发展的视角。这个视角引领我们透过生活或职业中的行为、感受,看到自己内心的渴望,并且以此为动力去构筑自己的人生。生涯不是一个静态的事物,它是一个动态的过程,它相伴人的一生,而且往往伴随冒险、历练与挑战。同时,因为家庭、个人经历、成长环境等因素的差异,每个人的生涯也会有所不同。所以生涯的发展是个性化的发展,即便是处在同一个时代、同一个文化背景下的人,因为生涯发展中各个因素的差异,也会有各自不同的生涯。

二、什么是生涯规划

通过对生涯定义的理解,我们知道了生涯规划与职业发展相关,但不是简单地等同于找工作,或者仅仅与工作相关。

(一)帕森斯的职业指导理念

生涯规划起源于 20 世纪初的美国,当时的学校很少对学生进行职业指导和职业教育,很多学生缺乏规划意识和求职技能,以至于毕业后难以找到适合自己的工作;企业也难以招聘到符合自己要求的员工,导致大量的人力资源和工作机会被闲置。针对这一局面,有"职业指导之父"之称的帕森斯(Frank Parsons)在 1908 年成立了波士顿职业局,帮助人们进行职业选择,寻求更合适的就业机会。他的遗作《选择一个职业》于 1909 年出版,首次提出了"职业指导"的概念。在其后的几十年中,心理学的蓬勃发展也促进了职业指导的系统化建设。

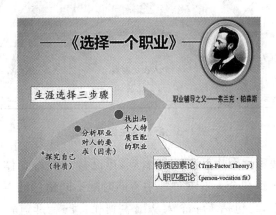

图 1-2　帕森斯的职业指导理念

（二）舒伯的生涯彩虹图

第二次世界大战结束后,各国出于对复员人员的就业安置和对大量不同专业人才的快速分类安置的需要,开始重视职业指导的研究和探索。当时的职业指导偏重"人职匹配",内容以职业测评和提供就业信息为主。到 20 世纪五六十年代,舒伯等人提出了"生涯"的概念,从此生涯规划不再局限于职业指导的层面。舒伯的生涯发展理论将生涯的过程定义为从出生到死亡的全过程,包括成长期(0—14 岁)、探索期(15—24 岁)、建立期(25—44 岁)、维持期(45—65 岁)和衰退期(65 岁以上)。大学生的生涯发展阶段处于探索期,这个阶段的主要发展任务是从多样性的学习和实践中探索自我,逐渐确立职业偏好,并且在选定的领域里起步。

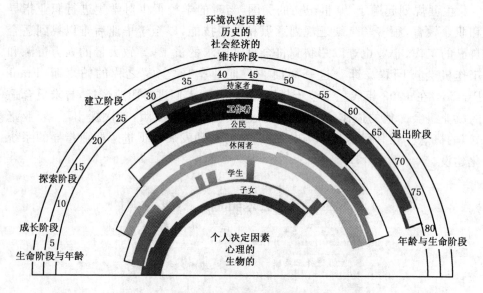

图 1-3　舒伯的生涯彩虹图

从舒伯的生涯彩虹图中我们可以看到,生涯规划变得立体化了。我们可以从多层次的角度看到在个人发展过程中不同时期不同角色的意义以及相互间的影响。从长度上看,它包括了一个人从出生到死亡的全部过程;从空间上看,它不局限于对职业角色的关注,而同样重视非职业角色对个人生涯的影响。舒伯认为,人的多种角色都是一个人自我概念的体现,这里的自我概念是个人对自己在兴趣、能力、价值观、人格特征等方面的认识,是个人生涯发展过程的核心。个人对工作与生活的满意程度,取决于个人能否在工作和生活中找到展现自我的机会。

(三)施恩的职业锚概念

美国著名的职业指导专家埃德加·H.施恩教授提出了"职业锚"的概念。所谓"职业锚",就是人们选择和发展自己的职业时所用以定位的中心。施恩认为,职业生涯发展实际上是一个持续不断的探索过程,在这一过程中,每个人都在根据自己的天资、能力、动机、需要、态度和价值观等慢慢地形成较为明晰的与职业有关的自我概念。随着一个人对自己越来越了解,这个人就会越来越明显地形成一个占主要地位的职业锚。传统的职业锚主要有五种类型:专业技能型、经营管理型、创造型、自主独立型以及安全稳定型。

1. 专业技能型

以技术或职能为职业锚的人,注重个人在某个专业技能领域的进一步发展和提高,他们不太喜欢从事一般的管理性质的工作,因为这样会限制他们在专业领域的深入研究和技能发挥。

2. 经营管理型

以管理能力为职业锚的人,具有极强的升迁动机和价值观,以晋升、权力和收入作为衡量成功的标准,拥有较强的分析能力、领导能力、人际沟通能力和情感能力。

3. 创造型

该类型的人,具有极为强烈的创造需求与欲望,他们追求建立或创造完全属于自己的成就,认为只有实实在在的事物才能体现自己的才干。

4. 自主独立型

追求自主独立的职业人,希望随心所欲地安排自己的工作方式、工作进度和私人生活,最大限度地摆脱组织的限制和约束,自由是他们的首选需要与职业核心。

5. 安全稳定型

以安全稳定作为职业锚的人,重视职业长期的稳定性和保障性,安全稳定的工作、体面的收入、优越的福利及有效的退休保障是他们的价值取向。

(四)生涯教育概况

在国外,生涯教育运动普遍开展。以美国为例,学生从幼儿园开始就有生涯辅导,中小学更有多种旨在扩展生涯经验和增进自我了解的职业探索活动与教育活动。1971年,美国教育总署对"生涯教育"的定义是:一种综合性的教育计划,其重点放在人的全部生涯,即从幼儿园到成年,按照生涯认知、生涯探索、生涯定向、生涯准备和生涯熟练等步骤逐一实施,使学生获得谋生技能,并建立个人的生活形态。

生涯教育能使学生对学习的目标有更加清楚的认知,并且对将来所要从事的工作抱有热忱。生涯指导不只强调人职匹配,而且融入了个体的自我发展,融入了人的社会角色的发展进程。

生涯教育真正在我国落地生根的时间是改革开放之后。由于我国经济体制发生了重大转变,就业指导、生涯教育逐渐受到重视。经过多年的发展,越来越多的人认识到生涯规划的重要性,但仍有不少大学生认为生涯规划离自己还很远,觉得这是毕业后才需要考虑的事情。其实不然,我们必须要意识到生涯规划的重要性,提前做好职业生涯规划。

三、生涯规划的意义

小练习

练习活动:请同学们闭上眼睛,想想身边有多少人穿了红色的衣服?

提示:在心理学中,有个名词叫作"选择性注意"。所谓"选择性注意",就是人们在获取到的众多信息中,选择一种进行关注而刻意忽略其他的信息。当没有人提示要注意穿红色衣服的人时,"衣服颜色是红色"这一信息就被忽略了,因为它不是一个目标;而当穿红色衣服的人成为目标时,也许不仅是在今天你会格外注意谁穿了红色衣服,在今后几天,你都会关注身边穿红色衣服的人。如果注意力是一束光线,那么目标则帮助我们聚焦了这束光线。当一个人的生涯发展中有了目标时,他会下意识地集中所有的能量和资源去实现自己的目标,成功的可能性也就更大。

(一) 认识生涯规划的意义

1. 有利于大学生明确人生未来的奋斗目标

明确的目标会激励人们努力奋斗,并积极创造条件实现目标。大学生在进行生涯规划时要结合自己的兴趣、爱好、特长和个性特点,要能够满足自身需求。

2. 有利于学生的个性发展和综合素质的提高

生涯规划教育是以素质教育为基础的,生涯规划既注重发展学生的个性和培养创新精神,又注重把个性发展与社会需求有机结合起来。大学生通过生涯规划,可以更加理智地认识自己、认识社会,不断完善自身,适应社会发展的需求,最终实现个人价值。

3. 有利于大学生认清形势,准确定位,合理安排大学的学习生活

大学生在进行生涯规划时要学会运用专业的分析工具,了解自己的优势和劣势,认识外界的机会与威胁。这样有助于大学生进行准确的人生定位,并根据自身的特点规划大学生活,发挥优势,弥补劣势,有针对性地挖掘个体潜力,提高自己。

4. 有利于学生实现学业与职业的良好对接

大学生生涯规划要求学生全面发展,努力提高学习成绩与能力素质。同时,学生要以职业的要求来规范自己,规划自己的学业与大学生活,实现学业与职业的无缝对接,实现人职匹配。

(二) 生涯规划的障碍

生涯规划就是一个帮助学生设定生涯目标以及达成目标所需步骤的规划。在生涯发展的过程中,很多同学对于追求自己理想的工作和人生有着疑虑;甚至有些同学不敢去想象和设立目标,觉得这样的生活状态过于理想化,难以实现。我们将阻碍同学们设立目标的障碍分为内在障碍与外在障碍两个方面。

内在障碍往往是因为一个人对自己不了解、不自信造成的,譬如有些同学习惯将自己的短处与别人长处相比较,在求职时缺乏信心,总觉得自己还没有做好踏入社会的准备,从而影响了自己在求职和面试时的决策与表现。此时大家不妨看看自己的优点,也学会承认现实,允许自己做一个不完美的人,真正全面地接受自己。

外在障碍来自一个人所处的生活与成长环境,譬如就业政策的不完善、市场的波动、国际经济政治变化对行业的影响等。一个没有生涯目标的人,很容易受到外界因素的影响。同样背景、同样专业的学生中,有人早早地确立了自己的生涯目标,因此更容易积极面对目前不理想的工作,努力从中获取经验、积累资源,将其视为通往理想所迈出的第一步;也有人缺乏目标,在行业环境不景气的情况下怨天尤人,难以积极应对。因此,处在相同起跑线的人,很可能因为有无目标的不同导致人生轨迹的不同。正如尼采所言:"懂得为何而活的人,几乎可以忍受任何痛苦。"

生涯规划教育是"全人"教育,它的意义正是在于帮助同学们设立人生目标,给

予同学们面对困难、敢于冒险的内在动力,从而突破发展中的内外障碍,最终实现理想的人生。

翻转课堂

一、自我设问

回答以下两个问题,每个问题由每组推荐一位同学上台回答。

1. 假如你买了一张彩票,意外中了数亿元的特等奖,你想首先完成哪些事情?

2. 假如有一天你体检之后,医生告诉你:你得了绝症,还有六个月的寿命,你想完成哪些事情?

二、大学生涯的回顾

进入大学以来,我们的人生发生了新的变化。总结自己的过往,既有助于我们更好地了解自己,也能帮助我们更好地发展未来。请填写下面的表格,并在小组内讨论,每组推荐一位同学上台分享自己的感想。

表 1-1　我的大学生涯回顾

假如用 3—5 个关键词来回顾截至目前的我的大学生活,那会是:	
我最快乐的一件事:	我最自豪的一件事:
我最难忘的一件事:	我最遗憾的一件事:
我对将来生活的期待:	

第二节　了解职业生涯

一、职业生涯的特点

概括起来,职业生涯具备以下五个特征:

第一,职业生涯的终身性。职业生涯是贯穿人的一生,与工作生活相关的历程。职业生涯是追求个人价值实现的重要人生阶段,对人生价值起重要作用。

第二,职业生涯的职业性。不论是广义的还是狭义的职业生涯概念,都与职业密切相关,反映的是个体职业发展的全过程,是与职业相关的经历和体验。

第三,职业生涯的多样性。由于兴趣、能力、价值取向和职业理想等的不同,每个个体的职业生涯不尽相同,职业发展路径也不同。职业生涯受内外多重因素影响,如个体的态度、价值观、愿望和角色,家庭的理解和支持,组织的需要、计划和环境,以及社会环境的变化等。因此,即使是同一个体,在他人生的不同阶段,职业生涯也会呈现出不同的形态。

第四,职业生涯的动态性。个体在职业生涯历程中的不同阶段会有不同的追求,对其职业、职位和角色变化产生影响。因此,个体的职业生涯呈现出一种动态的、发展的、阶段性的过程。

第五,职业生涯的综合性。职业生涯并不是某个人在某一时刻所拥有的职位和角色,而是在他一生中所拥有的所有职位和角色的总和;不仅限于职业角色,也包括家庭角色和社会角色等各个层面的各种角色;它统合了人一生中的各种职业和生活角色,由此表现出个人独特的自我发展形态。

二、生涯规划的原则与步骤

案　例

某同学的大学三年计划

作息:不熬夜、不赖床,日常睡觉时间不超过晚上 11 点,有特殊情况不晚于 12 点;日常起床时间不晚于 7 点,保证每日睡眠时间在 7 小时左右。

锻炼:保证每周两次一小时以上的运动,方式是篮球或跑步;同时保证每周两次一小时左右的拉伸运动。在身体不舒服的情况下,可以适当增加拉伸,减少运动。

英语考试:每天至少背五个单词,将熟悉题型和刷题的部分留到寒暑假,大一考完四级,大二考完六级。

练字:保证每周至少三次,每次20分钟的练字时间。

学习:每个周日根据课表制定出下一周的学习日程安排。

学车:利用大一的暑假和大二的寒假考完驾照。

(一)生涯规划的原则

1. 结合自身特点

大学生的生涯规划要与其需求、兴趣、动机、理想、信念、世界观、人格特征和能力倾向等相结合。在生涯规划过程中,运用相关理论、方法和工具,不断认识自己,明确自身特点,合理定位,发挥自身优势。

2. 结合所学专业

专业是大学生就业的重要资本,是进行生涯规划时要考虑的重要因素。在进行生涯规划时务必结合自己的专业,了解专业,分析专业,强化专业知识与技能的掌握,以专业特色和能力要求为导向,规划自己的学习与生活,力争实现专业与职业的匹配。

3. 结合社会需要

大学生在进行生涯规划时,要了解现实社会与未来的发展趋势,在关注社会总体人才需求和能力素质要求的同时,关注社会发展的区域性特点。

4. 结合综合能力

专业能力因专业的不同特性而千差万别,一般能力则具有极强的通用性和可迁移性,这些能力也被称为软技能,通常被用人单位当作求职者默认具备的能力。生涯发展技能不仅对就业十分重要,对个体后期的职业发展也有重大意义。无论是为了即将到来的就业,还是为了后期的职业发展,大学生都必须重视相关能力的发展。

(二)生涯规划的步骤

个人对生涯规划的目标和过程的选择没有绝对的好与坏,重要的是要适合自己。对目标信息了解得越是充分,对达成目标的过程也就越能做到胸有成竹。同时,无论对信息有多么细致的了解,都要对风险和意外做好心理和实际的准备。具体来说,一个系统的职业生涯规划应当包含以下六个步骤。

1. 自我觉察与自我承诺

在这个阶段,你需要意识到职业生涯规划的重要性和作用,并且愿意花时间来规划自己的生涯。需要提醒自己:生涯规划是一种对待人生的态度,它并不能立竿见影,不会马上为自己带来理想的工作与人生。好比播下的种子并不会立刻成长为参天大树,所以对此要有合理的预期。

2. 自我探索

系统的职业生涯规划是一个"由内而外"的过程,在进行职业生涯规划时需要先认识自己,诚实地回答自己以下几个问题。

(1)我有哪些人格特质?

(2)我的兴趣是什么?

(3)哪些东西是我人生中不可或缺的或是我最为看重的?

(4)我有哪些能力或者技能是很特别的或是和别人相比具备优势的?

3. 工作世界探索

工作世界的信息和自我信息是生涯规划中基础并且非常重要的部分。对工作世界的了解包括以下几个要素。

(1)专业与职业的关系。

(2)职业所在行业的宏观发展趋势。

(3)具体岗位的工作内容、工作环境,对工作人员的要求、待遇等。

(4)继续教育方面的信息,如学历、技能和知识的提升渠道等。

4. 生涯决策

生涯决策是对信息的综合整理和评估,决策时有可能因为信息不完整而被迫回到自我探索与工作世界探索阶段,其具体内容包括以下三方面。

(1)汇总并评估获取到的信息。

(2)设立目标和达成计划。

(3)解决决策过程中遇到的各种困难,如家庭的障碍、逃离自我觉察等。

5. 行动

这一阶段需要通过行动来实现自己设立的目标,通常包括以下三个环节。

（1）锻炼核心就业能力。

（2）制作个人简历，为面试做好各类准备工作。

（3）收集并筛选各类就业信息，参加各类校园和社会招聘活动。

6. 评估—成长—再评估

当你迈出职业生涯最初也是最重要的一步——进入工作世界后，随着阅历和环境的变化，你也许会继续按照过去的计划前进，也许会发现过去的计划已经不适合自己，或者原先的计划有不完整的地方。这时就需要再次进行生涯探索，修正职业生涯规划的内容。

职业生涯规划是一个循环的过程，需要长期花时间进行探索和补充。在和现实社会的接触过程中，同学们很可能会遇到一些计划以外的内容，从而对自己的职业生涯有新的思考。为了便于教学，我们将职业生涯规划人为地划分成六个不同的步骤，但是在实际操作中，每一个步骤并没有真正逻辑意义上的递进关系，譬如认识自己、认识工作世界与核心就业能力的锻炼往往是同步进行的。不管处在哪个步骤，自我探索与外界探索的过程都不会停止，所以不要忽略新的发现带给自己的启迪。

助力成长

SMART 法则

SMART 法则由管理学大师彼得·德鲁克(Peter Drucker)于 1954 年在他的著作《管理实践》(*The Practice of Management*)中首次提出，是制定目标时应当遵循的五项基本原则。对于组织机构的管理者来说，它可以用来对下属制定管理与考核目标；对于个人来说，它是帮助制订更加有效的发展计划的工具。它的内容包括以下几点。

1. 目标必须是具体的(Specific)

以学习为例，"做一个勤奋学习的人"不是一个具体的目标；"努力学好英语"明确了一些，但是还不够具体，需要下面第二点，它才能真正地实现具体化。

2. 目标必须是可以衡量的(Measurable)

可衡量意味着将目标量化，譬如"努力学好英语，通过英语四级考试"。

3. 目标必须是可以实现的(Attainable)

实现意味着行动，"做一个勤奋学习的人"是一个期许，不是行动；"努力学好英语，通过英语四级考试"是行动，但仍然只是一个很模糊的行动。所以我们需要更加具体、细化的行动，譬如"做完最近五年以来的四级考试真题，并且将自己在答卷过程中的问题和错误汇编起来"。

4. 目标必须和其他目标具有相关性（Relevant）

目标要和自己的目的相一致。譬如自己打算将来从事英语导游的工作，那么不仅需要英语考试的等级证书作为自己求职的敲门砖，也需要积极提升自己的英语口语。

5. 目标必须具有明确的截止期限（Time-bound）

多久通过四级考试？具体的进度可以根据自身实际情况来设定，所以加上时间限制后，一个完整的目标很可能会变成"努力学好英语，在大二通过英语四级考试"这类具有明确实体的目标。

本章思考与讨论

1. 你是一名大一新生，觉得生涯规划还是挺有用的，但是现在就开始进行生涯规划是不是太早了？

2. 你是一个毕业生，正忙着找工作，现在再谈什么职业规划是不是已经太晚了？远水解不了近渴，毕竟你现在最急迫的就是要找到一份好工作。

3. 生涯规划是要有计划地安排自己的人生，但是人生可能按照计划按部就班吗？

本章学习日记

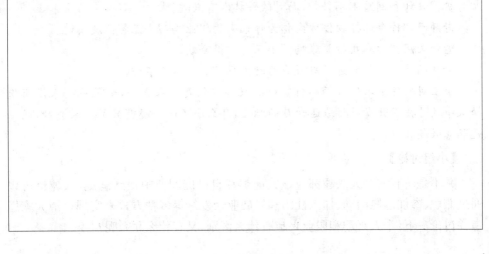

第二章

自我探索与外界探索

本章学习目标

- 学会使用不同方法了解自己的兴趣、性格、价值观和能力倾向。
- 了解外界探索的途径和方法。
- 掌握校园内外探索的内容和可利用的职业发展资源,树立主动探索的意识。

引导案例

分不清职业兴趣和个人兴趣的小王

大二的小王同学来到就业咨询中心咨询,他说他是机械设计与制造类专业的,却对机械设计和制造不感兴趣,而对软件技术有兴趣。

老师问:"你会选择软件方向作为你未来的职业吗?"小王答:"没想过。"

老师又问:"你喜欢打篮球吗?"小王答:"很喜欢。"

老师继续问:"你会选择当篮球运动员吗?"小王答:"不会。"

小王对软件技术的兴趣和打篮球的兴趣仅仅是个人兴趣,如果他将来没有选择从事软件技术开发或篮球运动员的职业,那么小王的兴趣就只是个人兴趣,而不是职业兴趣。

【小组讨论】

并不是所有的个人兴趣都应该或能够在自己的职业中得到满足,兴趣也可以通过兼职、参加志愿活动、加入社团和发展业余爱好等多种方式来实现。请大家思考并讨论一下:个人兴趣和职业兴趣有什么区别,又有什么联系呢?

第一节 职业性格、兴趣和能力分析

一、职业性格

（一）性格

性格是在一个人对待客观事物的方式/态度及其社会行为方式中所表现出来的比较稳定的个性心理特征，一般分为外向型、内向型和中间型三类。最早提出人的性格有"内向"与"外向"之分的是瑞士著名心理学家卡尔·荣格（Carl Gustav Jung）。他认为，内向、外向都是人的心理倾向性，是从人的心理活动指向这一角度来划分的。内向性格的人把他的心理能量向内释放，也就是说，内向者的兴趣所在不是外部世界而是自己的内心世界，即更多地关注自己的想法、行为和情感。内向者多数比较严谨，按部就班，严守规则，因此大多具备专心致志、持之以恒的优点。而外向性格则把心理能量向外释放，将兴趣指向外部环境，他们大多是开朗的乐天派，热情好客，灵活多变，环境适应性强。从这些差异可以看出，外向的人对环境的变化比内向的人要更敏感和迅速一些，但这并不能证明"外向"比"内向"好，事实上"内向"与"外向"并无优劣之分。中间型性格的人既有外向型的一些特征，又有内向型的一些特征，因此在职业适应性方面更广泛。

（二）职业性格

职业性格是指人们在长期特定的职业生活中所形成的与职业相联系的、稳定的心理特征。比如有的人对待工作总是一丝不苟，踏实认真；待人处事总是表现出高度的原则性，果断、活泼、负责；严于律己、谦虚、自信等——所有这些特征的总和就是他的职业性格。不同类型的职业对从业者性格的要求各不相同，不同性格类型的人适合的职业也各不相同。虽然每个人的性格不能百分之百地适合某项职业，但可以根据自己的职业倾向来培养、发展相应的职业性格。

案例

我的困惑

我是一名高职院校大二的学生，专业是酒店管理。我对专业课有兴趣，成绩也很优秀，但是我不知道自己的性格是否适合学酒店管理。我感觉自己极其敏感，不知道是否不利于今后的职业发展。事实上，我对自己的专业还是比较喜欢的，但是我不确定自己在这个领域是否有发展前景，也不确定这个专业是否真的适合我。

【思考】 如何判断我们的职业性格？

许多心理学家都对职业性格进行了研究，其中美国的凯瑟琳·布莱格斯（Katharine Briggs）和她的女儿伊莎贝尔·迈尔斯（Isabel Myers）以荣格的性格理论为基础，共同研发了 MBTI 职业性格测试，成为当前性格探索测评中信度较好、广泛使用的测量工具。

MBTI 把性格分析为四个维度，详见表 2-1，每个维度上包含相互对立的两种偏好。

表 2-1　四个维度包含的两种偏好

性格	外向（E）	内向（I）
信息收集	感觉（S）	直觉（N）
决策	思考（T）	情感（F）
生活方式	判断（J）	感知（P）

外向（E）—内向（I）：以自身为界，可以将世界分为外部世界和内部世界。外向的人倾向于将注意力与精力释放到外部，希望能成为注意的焦点；喜欢边想边说，易沟通，易于被了解；反应迅速，先行动，再思考。内向的人则相反，将注意力和精力释放在内部世界，避免成为注意的焦点；听得多说得少，注重个人隐私；喜欢独自一人，思考后再反应。

感觉（S）—直觉（N）：感觉型的人喜欢通过收集具体的、特殊的信息了解外部世界，相信看到、听到、感觉到的；喜欢细节，善于观察，关注现在，信赖自己已有的技能和经验。直觉型的人喜欢新主意和新概念，关注事物的现状及发展变化；相信自己的灵感和预感，注重"第六感"，着眼未来。

思考（T）—情感（F）：思考型的人以逻辑推理为基础进行思考和决策，崇尚逻辑、公平和公正,分析和解决问题依据客观公认的标准。情感型的人以感情为基础,注重情感,具有同情心,易于理解他人,在处理问题时照顾他人的感受。

判断(J)—感知(P):判断型的人目的性强,喜欢计划性、条理性的生活,能确定好目标并按时完成任务,看重过程。知觉型的人比较开放、灵活,喜欢机动性、自由的生活,会根据新情况改变目标,看重结果。

根据这四个维度,每个维度可以各取一种倾向两两组合,形成16种性格类型,详见表2-2。

表2-2　16种性格特征及职业倾向

类型	特征	职业倾向
ISTJ	安静、严肃,通过全面性和可靠性获得成功;实际,有责任感;决定有逻辑性,并一步步地朝目标前进,不易分心;喜欢将工作、家庭和生活都安排得井并有条;重视传统和忠诚。	管理者、行政管理、执法者、会计
ISFJ	安静、友好、有责任感和良知;坚定地致力于完成他们的义务;全面、勤勉、精确、忠诚、体贴,留心和记得他们重视的人的小细节,关心他们的感受;努力把工作和家庭环境营造得有序而温馨。	教育、健康护理、宗教服务
INFJ	寻求思想、关系、物质等之间的意义和联系;希望了解什么能够激励人,对人有很强的洞察力;有责任心,坚持自己的价值观;对于怎样更好地服务大众有清晰的远景;在目标的实现过程中有计划而且果断坚定。	宗教、咨询服务、教学/教导、艺术
INTJ	在实现自己的想法和达成自己的目标时有创新的想法和非凡的动力;能很快洞察到外界事物间的规律并形成长期的远景计划;一旦决定做一件事就会开始规划并直到完成为止;多疑、独立,对于自己和他人能力和表现的要求都非常高。	科学或技术领域、计算机、法律
ISTP	灵活、忍耐力强,是个安静的观察者;一旦有问题发生,就会马上行动,找到实用的解决方法;分析事物运作的原理,能从大量的信息中很快找到关键的症结所在;对于原因和结果感兴趣,用逻辑的方式处理问题,重视效率。	熟练工种、技术领域、农业、执法者、军人
ISFP	安静、友好、敏感和善,享受当前;喜欢有自己的空间,喜欢能按照自己的时间表工作;对于自己的价值观和自己觉得重要的人非常忠诚,有责任心;不喜欢争论和冲突;不会将自己的观念和价值强加到别人身上。	健康护理,商业、执法者
INFP	理想主义,对于自己的价值观和自己觉得重要的人非常忠诚;希望外部的生活和自己内心的价值观是统一的;好奇心重,很快能看到事情的可能性,能成为实现想法的催化剂;理解别人并想要帮助他们实现潜能;适应力强,灵活,善于接受,但不接受有悖于自己的价值观的意见或建议。	咨询服务、写作、艺术

类型	特征	职业倾向
INTP	对于自己感兴趣的任何事物都寻求找到合理的解释;喜欢理论性的和抽象的事物,热于于思考而非社交活动;安静、内向、灵活、适应力强;对于自己感兴趣的领域,有超凡的集中精力来深度解决问题的能力;多疑,有时会有点挑剔,喜欢分析。	科学或技术领域
ESTP	灵活、忍耐力强,实际、注重结果;觉得理论和抽象的解释非常无趣;喜欢积极地采取行动解决问题;注重当前,自然不做作,享受和他人在一起的时刻;喜欢物质享受和时尚;学习新事物最有效的方式是通过亲身感受和练习。	市场、熟练工种、商业、执法者、应用技术
ESFP	外向、友好,接受力强;热爱生活、人类和物质上的享受;喜欢和别人一起将事情做成功;在工作中讲究常识和实用性,并使工作显得有趣;灵活、自然不做作,对于任何新的事物都能很快地适应;学习新事物最有效的方式是和他人一起尝试。	健康护理、教学/教导、教练、儿童保育、熟练工种
ENFP	热情洋溢,富有想象力,认为人生有很多的可能性;能很快地将事情和信息联系起来,然后很自信地根据自己的判断解决问题;总是需要得到别人的认可,也总是准备给于他人赏识和帮助;灵活、自然不做作,有很强的即兴发挥的能力,言语流畅。	咨询服务、教学/教导、宗教、艺术
ENTP	反应快,睿智,有激励别人的能力,警觉性强,直言不讳;在解决新的、具有挑战性的问题时机智而有策略;善于找出理论上的可能性,然后再用战略的眼光分析;善于理解别人,不喜欢例行公事,很少会用相同的方法做相同的事情,倾向于一个接一个地发展新的爱好。	科学、管理者、技术、艺术
ESTJ	实际,现实主义;果断,一旦下决心就会马上行动。善于将项目和人组织起来将事情完成,并尽可能用最有效率的方法得到结果;注重日常的细节;有一套非常清晰的逻辑标准,会系统性地遵循,并希望他人也同样遵循;在实施计划时强而有力。	管理者、行政管理、执法者
ESFJ	热心肠,有责任心,讲究合作;希望周边的环境温馨而和谐,并为此果断地执行;喜欢和他人一起精确并及时地完成任务;事无巨细都会保持忠诚;能体察到他人在日常生活中的所需并竭尽全力提供帮助;希望自己和自己的所为能受到他人的认可和赏识。	教育、健康护理、宗教
ENFJ	热情,为他人着想,易感应,有责任心;非常注重他人的感情、需求和动机;善于发现他人的潜能,并希望能帮助他们实现;能成为个人或群体成长和进步的催化剂;忠诚,对于赞扬和批评都会积极地回应;友善、好社交;在团体中能很好地帮助他人,并有鼓舞他人的领导能力。	宗教、艺术、教学/教导
ENTJ	坦诚、果断,有天生的领导能力;能很快看到公司/组织程序和政策中的不合理性和低效能性,发展并实施有效和全面的系统来解决问题;善于做长期的计划和目标的设定;通常见多识广,博览群书,喜欢拓宽自己的知识面并将此分享给他人;在陈述自己的想法时非常强而有力。	管理者、领导者

（三）职业性格的调适

虽然性格是稳定的，但是职业性格是可以改变的。在我们进入职业工作的初期，可能会遇到自身性格和所从事职业不相符的情况，这就需要我们自觉地根据职业的需要不断调适自己的职业性格，努力完善自己，以便更好地适应工作岗位。影响职业性格形成的因素，主要有以下三点。

1. 职业性格的形成受职业环境的影响

职业环境对职业性格的影响是通过职业活动来实现的，也就是说对职业性格的形成起决定作用的不是职业环境本身，而是人与职业环境的相互作用。人的职业性格受其所处的职业环境的制约。在共同工作的过程中，人们逐渐学会或形成对工作单位、部门、同事、工作以及其他事务的态度。职业群体内部的状况以及它与其他职业群本身的关系都会对从业者各种职业态度的形成产生重大的影响，如工作单位的经济状况、社会地位、领导作风、员工的关系以及单位的规章制度、职业群体的发展水平等，都会影响人们的职业态度和相应的职业行为，影响人们职业个性的形成和发展。因此，处在相似社会条件下的人，如果从事同一类型的职业活动，他们就可能表现出相似的职业性格特征。

2. 职业性格是在职业实践活动中不断发展和完善的

职业性格形成的速度和质量直接依赖于个人的职业积极性和多方面的职业活动。在职业性格形成中起主要作用的活动种类，随着年龄的增长会不断变化：0—6岁，职业游戏活动起主导作用；7—18岁，职业知识的学习和掌握以及职业劳动和社会活动起主要作用；成年以后，职业实践活动的作用最大。作为大学生，应努力把握专业课学习、社会实践以及校园生活中一切可以把握的机会，了解相关职业对性格的要求，不断调适和完善自己的职业性格，提高适应能力，为将来走上工作岗位做好准备。

3. 自我职业观对职业性格的形成起决定性作用

如果一个人对某个职业有所向往和追求，他就会主动了解这个职业对从业者的性格与其他方面的要求，并且努力控制自己，自觉地调适自己的性格，使其与职业要求相一致。每个人都有自己的性格特征，其中有些与职业要求相符，有些可能与职业要求不一致，这是十分正常的现象。能适应职业要求的人，谋求职业岗位的机会和成功的机会相对而言会更多一点。一个人一生中会有很多次选择职业的机会，而每一个岗位对从业者的性格特征都有特定的要求。因此，每一次的变动既给从业者带来选择自己理想职业的机遇,也对从业者提出了重新调适、完善自己性格特征的要求。人在一生中,必须不断调适、完善自己的性格,才能实现自己的职业理想,从而实现自己的人生价值。

二、职业兴趣

(一)兴趣与职业

1. 兴趣

兴趣是指一个人力求认识、掌握某种事物,并经常参与该种活动的心理倾向。换言之,兴趣即一个人喜欢什么,愿意做什么。人的兴趣是多种多样的,但总的来说,可以分为以下几种。

(1)物质兴趣和精神兴趣

物质兴趣主要指人们对舒适的物质生活的兴趣(如衣、食、住、行方面);精神兴趣主要指人们对精神生活的兴趣(如学术、艺术方面)。大学生在物质兴趣和精神兴趣方面都需要家长和老师的积极引导,不能只注重物质兴趣而淡化精神兴趣。

(2)直接兴趣和间接兴趣

直接兴趣是指对活动过程的兴趣(如在制作模型过程中全神贯注);间接兴趣是指对活动过程所产生的结果的兴趣(如对自己取得的成果表现出极大的兴趣)。直接兴趣和间接兴趣是相互联系、相互促进的,只有把直接兴趣和间接兴趣有机地结合起来,才能充分发挥一个人的积极性和创造性,才能持之以恒,取得成功。

2. 兴趣与职业

人的兴趣在职业活动中起着十分重要的作用,每个人都会对他感兴趣的事物给予优先注意并积极探索。研究表明,一个人如果对一项工作有浓厚的兴趣,那么他可能发挥其全部才能的80%—90%,并且不觉疲倦;如果对所从事的工作不感兴趣,则只能发挥全部才能的20%—30%,且容易感到疲倦。兴趣与工作满意度、职业稳定性和职业成就感之间都存在明显的关联。因此,我们在选择职业或岗位时,不仅需要了解自己的性格,还需要了解自己的兴趣。有的人对研究自然知识感兴趣;有的人的兴趣倾向于情感世界,活跃于人际关系领域;有的人对智力操作感兴趣。不同的职业也需要不同的兴趣特征,一个擅长技能操作的人,在技能操作领域得心应手,如果硬把他的兴趣转移到书本理论上来,他就会感到无用武之地。正是这种兴趣上的差异,成为人们选择职业的重要依据。

(二)职业兴趣

职业兴趣是兴趣在职业方面的表现,是指人们对某种职业活动具有的比较稳定而持久的心理倾向,使人对某种职业给予优先注意,并向往之。具体说来,职业兴趣就是一个人对待工作的态度、对工作的适应能力,表现为有从事相关工作的愿望和兴趣。拥有职业兴趣将增加个人的工作满意度、职业稳定性和职业成就感。哈佛商学院曾经对1500名毕业生做过跟踪研究。这些毕业生被分为两组,A组的1245人都想先赚钱,再去做自己想做的事;而B组的255人则认为应该先找到自己感兴趣的工作,然后再考虑赚钱。20年后,A组只有1人成为百万富翁,而B组有100人成了百万富翁。可见,一个人如果能根据自己的兴趣去选择职业生涯,那么他的主动性将在工作中得到充分的发挥。

(三)职业兴趣的探索

1. 霍兰德职业兴趣测试

霍兰德职业兴趣测试(Self-Directed Search)是由美国职业指导专家霍兰德(John Holland)根据他本人大量的职业咨询经验及其职业类型理论编制的测评工具。根据霍兰德职业兴趣类型理论,职业兴趣可分为六种类型:常规型(C)、艺术型(A)、现实型(R)、研究型(I)、社会型(S)、企业型(E)。

图 2-1 霍兰德职业兴趣

常规型(C),尊重权威和规章制度,喜欢有秩序的、安稳的生活。惯于按照计划和指导做事,按部就班,细心有条理。不习惯自己对事情做判断和决策,较少发挥想象力。没有强烈的野心,不喜欢冒险。

艺术型(A),热爱艺术,富于想象力,拥有很强的艺术创造力。乐于创造新颖、与众不同的成果,渴望表现个性,展现自己。做事理想化,追求完美。擅于用艺术形式来表现自己和表现社会。进行艺术创作或创新时,不喜欢受约束和限制。

现实型(R),喜欢使用工具或机械从事操作等动手性质的工作,动手能力强,通常喜欢亲自体验或实践理论和方法甚于与其他人讨论,一般不具有出众的交际能力,喜欢从事户外工作。

社会型(S),乐于助人和与人打交道,乐于处理人际关系。喜欢从事对他人进行传授、培训、帮助等方面的服务工作。愿意发挥自己的感染力和说服力引导别人。通常他们有社会责任心,热情、善于合作,善良、有耐心,重视社会义务和社会道德。

研究型(I),喜欢理论研究,潜心于专业领域的创新和应用;喜欢探索未知领域,擅长使用逻辑分析和推理解决难题。不喜欢官僚式的管理行为过多地影响研究工作。

企业型(E),对其所能支配的各种资源能够进行有效的计划、组织、领导和控制。喜欢影响别人、敢于挑战,自信、有胆略、有抱负,沟通能力出色,擅长说服他人,追求声望、经济成就和社会地位。

2. 斯特朗-坎贝尔兴趣问卷

斯特朗-坎贝尔兴趣问卷(Strong-Campbell Inventory,简称SCII)是在职业指导中应用最广泛的职业兴趣问卷。SCII的最新版是1994年由哈蒙等人修改的,由8个部门、317个项目组成。主要分为八大类,分别是职业、学校科目、活动、休闲活动、不同类型的人、两种活动之间的偏好、个人风格、对工作世界的偏好。

3. 库德职业兴趣调查表

1934年,库德编制了库德职业兴趣调查表(Kuder Occupational Interest Survey,简称KOIS)。最新版本同时提供了各种职业分布以及10个广泛的、同质的基本兴趣分数,成为职业兴趣评估(Vocational Interest Estimates,简称VIE)的常用工具。VIE以百分数表示,这些分数与霍兰德的六个职业兴趣领域相对应。

4. 生涯评估量表

生涯评估量表(Career Assessment Inventory,简称CAI)是一种兴趣量表,是专为非专业成人准备的兴趣问卷。CAI的特别之处在于,它是专为寻找不需要大学学历或进一步专业技术训练的职业人士/人所设计,特别针对技巧性的贸易人员、牙科卫生师、自助餐服务员等。

三、职业能力分析

(一)能力与职业

能力是指顺利完成某种活动所必须具备的主观条件,能力是个人职业选择和职业成功的基础。

人的能力一般可以分为一般能力和特殊能力两大类。一般能力通常指智力，指完成各种活动都必须具备的某些能力，包括注意力、观察力等。不同职业对人的一般能力要求程度有所不同，比如律师、工程师、科研人员等对从业者的一般能力要求较高，个人的一般能力在很大程度上决定其所能从事的职业类型。特殊能力是在某些专业或职业活动中表现出来的能力，也可称之为特长，如音乐能力、绘画能力、机械操作能力等。需要完成某项工作，除了具备一般能力外，还需要具备该项工作所要求的特殊能力。比如律师就要求具备很强的逻辑推理能力和语言表达能力，建筑工程师需要具备较强的空间判断能力和一定的审美能力等。

案例

小芳是商务英语专业的学生，她感到现在会英语的人太多了，自己仅仅是掌握了一个工具。虽然老师说她这个专业将来可以从事的工作岗位有翻译、教师、外贸等职业，但她担心如果将来从事的工作和语言的关系不是太大，那就需要一些其他的能力，可又不知道需要一些什么样的能力才能帮助她获得比较好的工作。

【思考】 将来的就业岗位到底需要自己掌握哪些能力？

（二）职业能力分析

职业能力是劳动者从事社会生产活动的能力，是职业选择和发展中最为现实的方面。不同职业对人的能力要求不同，职业能力可以使我们的职业理想与现实有机地结合起来，使我们的职业理想落地生根。如果说相关的职业实践和培训是职业能力发展的前提，那么职业能力就是胜任某种职业的必要条件，也是个人发展和创造的基础，职业能力越强越能给人带来好的工作绩效，从而进一步产生职业成就感。总而言之，认清职业能力对未来职业发展非常重要。只有认清自己的职业能力，才有机会进入相关职业领域；也只有认清自己的职业能力，才能在相关职业领域发挥潜力，不断发展，取得职业成功。

对于高职院校的大学生来说，可以通过以下两种方法分析自己的职业能力。

1. 成就经历分析

每个人都是通过一次次或大或小的成就事件来累积和检验自己在某方面的才能。我们可以回顾曾经的成就经历，思考自己在哪些方面做出过成绩，而这次成功又运用了哪些方面的才能和技巧。这些成就事件和经历正是个人拥有的资历和能力的证据。通过记录、回忆和剖析自己的成就事件经历，我们可以充分挖掘自己的能力,找到那些常常被我们忽略的个人才能。

你可以列举出 5—7 个你的成就经历,可以来源于学习、活动、实习和实践,尽可能写出过程细节,并分析在此过程中运用了哪些能力。

在表 2-3 中列举一些你过往做得不错或让你感到有成就的事情(这些事情要尽可能描述详细,这样有利于更好地发现你的技能),从强到弱依次写下完成这些事情你用到哪些具体的能力。如果有些事情是和别人共同完成的话,那么我们可以和别人一起回顾,请别人帮助你进一步明确你在这件事情上表现出来的能力优势。

表 2-3　确认你的能力优势

做过的有成就感的事情	能力 1	能力 2	能力 3	能力 4	能力 5

运用最多的能力依次是:_____

2. 职业能力测试

为了探索自己的能力,判断某个特定的职业领域是否合适,可以借助一些能力倾向测试。能力倾向测试又可以分为多重能力倾向测试和特殊能力倾向测试。多重能力倾向测试是由测试各种不同能力的分测试组成的,可以一般地了解人的潜能方向,而特殊能力测试只能了解能力的某一特殊方面的情况。

多重能力倾向测试最常用的是区分能力倾向测试(Differential Aptitude Tests,DAT)和一般能力倾向测试(General Aptitude Test Battery,GATB)。DAT 的 8 个分测试是单独施测、单独计分的,分别为:言语推理(VR)、数字能力(NA)、抽象推理(AR)、文书速度和准确性(CSA)、机械推理(MR)、空间关系(SR)、拼写(SP)和语言运用(LU)。GATB 最初由美国劳工部从 1934 年起经多年研究制定而成,专为国家就业服务机构的顾问使用,可用来为大学生的专业定向和成功谋职提供帮助,目前它的全套测试包括 12 个分测试,总共可得到 9 个因素的分数,分别为 G(一般学习能力)、V(言语能力测试)、N(数字能力倾向)、S(空间能力倾向)、P(形状知觉)、Q(文书知觉)、K(运动协调)、F(手指灵巧)、M(手的敏捷)。

特殊能力倾向测试是鉴别个体在某一方面是否具有特殊潜力的一种工具,这类测试最初是为了弥补智力测试的不足而编制和使用的,最早出现的特殊能力倾向测验是机械能力倾向测试。由于职业选拔与咨询的需要,各种机械、文书、音乐及艺术能力倾向测验纷纷出现,同时视力、听力、运动灵敏度方面的测验也广泛用于工业、军事上的人事选拔与分类。

第二节　家庭、学校与社会环境分析

一、家庭环境分析

家庭是人的第一学校。每个人从出生开始就受到家庭环境的影响,由于其特殊作用和影响力,家庭会对于个人的职业和未来发展产生很大的影响,从而使每个人形成特定的价值观和行为模式。具体来说,家庭环境主要包括以下几个方面:

(一)家庭的支持力度

几乎每一个家庭都对大学生寄予厚望,希望大学生能选择较好的职业,但不同的家庭对大学生的支持力度是不同的。这主要是由于家庭成员的社会地位、经济条件、社会关系等不同造成的。如果没有家庭的支持,或家庭支持的力度太小,大学生在选择职业方向时,就会将自己的兴趣、爱好等打折扣,而转向较容易进入的职业和较顺利获得的职位。反之,则会寻求更高更好的职业方向,职业规划也将能得到更好实现。

(二)家庭需要

任何家庭都有正常的需要,这些需要对大学生选择职业方向也会有影响,但一些家庭还有特殊的需要,这些特殊的需要对大学生的影响更大。例如,家庭成员中有疑难杂症或慢性病的,大学生选择医药职业方向的概率就会比较高。

(三)家庭期望

家庭期望也会对大学生的职业选择产生一定的影响。期望值较低的,容易使大学生选择那些与自己爱好、能力相匹配的职业方向;期望值高的,大学生选择的职业方向相对而言就倾向于热门的、社会地位和收入等都较高的职业。

二、学校环境分析

学校环境对大学生的影响是显著的、潜移默化的，并且是非常重要和深远的，主要包括校园硬件设施、校园文化、学校历史、老师、同学、社团和就业指导服务部门等几个影响因素。比如重点大学、名牌院校、品牌专业的"名牌"效应就在学生就业市场中呈现出优势，社会需求增加，同时对非重点大学以及一般专业毕业生的需求就相对不足。再比如，很多用人单位为了找到优秀的毕业生，不再是仅仅参加人才招聘会，而是主动到意向学校进行宣讲，开展单独招聘，在人才选择上更加注重意向院校学生的素质能力和职业品质。

三、社会环境分析

每一个人都生活在特定的社会中，都要受到社会环境的影响。社会经济发展、政治秩序、就业政策和体制等，这些社会大环境都会影响职业岗位的数量和结构以及人们的职业观念和职业理想，对一个人的职业规划和职业发展都会产生重大的影响。

（一）经济环境

经济环境是影响职业选择和职业发展的重要因素，主要包括经济形势、劳动力市场供求状况、收入水平和经济发展水平四个方面。其中，经济形势的变化对职业的影响最为明显复杂。当经济处于萧条期，企业效益降低，对人力资源的需求减少，那么职业选择和职业发展机会就会减少；当经济处于高速发展期，企业处于扩张阶段，人力资源需求量增加，职业选择和职业发展机会也会增多。劳动力市场供求状况、收入水平和经济发展水平也都和职业发展和就业机会成正相关关系，即劳动力市场供大于求、收入水平越高、经济发展水平越好，则更有利于个人职业的发展。

（二）政治环境

政治环境因素主要涉及国家的方针、政策。影响职业的政治因素包括教育制度、政治体制、经济管理体制、人才流动的政策等。例如，国家通过降低利率来刺激消费的增长，从而影响人们的购买意愿，进而会引起某些行业就业岗位增加。再比如,通过"大众创业、万众创新"号召和对大学生创业项目的无偿资助或创业补贴政策,可以有效调动社会各界创业的积极性,从而引导大学生自主创业和灵活就业。总而言之,国家政治环境通过对企业组织体制的影响,间接影响个人的职业发展;同时,政治制度和氛围还会潜移默化地影响个人的追求,从而对职业发展产生影响。

(三)其他环境

其他社会环境因素还包括法律环境因素、文化环境、社会价值取向等因素。法律环境因素是指中央和地方的有关法规和规定,比如最低工资强制性规定、户籍制度、住房制度、人事制度和社会保障制度等。文化环境包括教育条件和水平、社会文化设施等,在良好的文化环境中,个人能受到良好的教育和熏陶,从而为职业发展打下良好的基础。社会价值取向则是通过影响个人价值观,进而影响个人职业选择和职业发展。

案 例

小涛和小王都是汽车专业的学生,两人同时从高职院校毕业。小涛毕业后选择了一份安稳的职业,直接到一家单位当了司机;而小王则自主寻找其他职业机会。小王从网上了解到,现在购买汽车的人越来越多,但很多人只会开车,不会修理和护理汽车,于是他选择到一家汽车修理店,成为一名专业的汽车美容师。一年之后,随着私家车的普及,许多人都来找小王进行汽车美容,小王收入相当丰厚。而小涛所在的单位实行公车改革,取消了司机的岗位,他只好去当一名出租车司机,辛苦不说,收入也低。

随着社会经济发展和科学技术进步,职业的变化也是历史上前所未有的。新职业不断产生,传统职业陆续萎缩,有不少职业当年看似很好,后来却成了夕阳职业。因此,大学生在选择职业一定要充分考虑社会环境因素。

第三节　内外探索模型的构建

根据舒伯的职业发展理论,15—24岁是进行职业探索的关键时期,人们可以在学校学习、短期工作或其他业余活动中积累经验,进行自我探索和角色定位。如果能在这一时期做好对自身和外部环境的探索,可以有效提高就业的成功率,减少因不考虑自身能力或外部环境而盲目就业。因此,对于在校大学生而言,要做好职业生涯规划,学会用人—职匹配模型来做好个人的内外探索就显得非常重要。

人—职匹配模型来源于特质—因素理论(Trait-Factor Theory),它是美国职业心理学家威廉斯在帕森斯关于职业指导三要素思想之上发展而成的,是现今影响力最大的职业生涯辅导理论。人—职匹配模型的理论前提是:每个人都有可以客观有效测量的独特性;不同职业需要具备不同特性的工作人员;人—职匹配是完全可能并且易于操作的;个人特性和工作要求之间配合得越紧密,职业成功的可能性就越大。具体来说,人—职匹配模型可由三个步骤组成。

一、自我分析

清楚明白地了解自己的性格、兴趣和能力是人—职匹配的前提和基础。因此,在校大学生要充分了解自身情况,可以通过 MBIT 等测评问卷或其他问卷系统梳理和了解自己的家庭背景、能力倾向、兴趣爱好等,找出自己独特的心理和生理特点。

二、职业分析

了解、掌握相关职业环境和岗位信息是人—职匹配的必要条件。职业分析包括分析职业和岗位的性质、工作环境、工作条件等,还包括分析职业或岗位对毕业生的学历要求、能力要求、心理要求等,以及为准备获得职业或岗位而开设的教育课程的具体信息,如学习时间、学习费用、入学资格等。

三、人—职匹配

帕森斯认为,在清楚地认识、掌握了自己的主观条件和社会职业岗位需求条件的基础上,需要对两者进行比照和匹配,综合比较分析,从而选择岗位需要和个人特点匹配的职业。这种匹配又可分为条件匹配和特长匹配两种类型。条件匹配是指专业技术技能或专业知识方面的匹配,比如医生只能由经过系统医学院学习的人从事。特长匹配是指某些职业需要一定特长的人来胜任,比如艺术创造类的职业,就需要情感细腻、个性独特、不墨守成规的人来从事。

总而言之,大学生在做出职业选择时,必须要先做好"知己知彼"的工作。所谓"知己"就是要全面了解自己的兴趣、性格、能力等特质;"知彼"就是要了解外部环境,包括具体工作领域的状况和不同工作所需要的条件,借助各种测评结果和职业资料的分析,达到自我探索的目的。

翻转课堂

一、自我画像

每人准备一支笔,一张卡片,6—8名同学一组。每位同学仔细思考后,用一种动物代表自己,并在卡片上写下这种动物的名称。等所有人写完后,同时亮出卡片,组内成员看看在这个小组中有哪些动物,哪些与自己相似,哪些与自己不同,轮流介绍自己为什么会选择这种动物代表自己,这种动物的优点和缺点是什么。

二、职业探索小分队

请4—6名同学一组,成立职业探索小分队,队名自拟。每小队成员首先进行自我评估小练习,掌握自己的性格、兴趣和职业能力等特性;然后团队合作通过网络、书籍查询和生涯人物访谈三种方式了解一种职业,包括职业的工作环境、工作性质、工作条件、工作要求等。在详细了解职业后,与团队内每一位成员进行匹配,找到适合或不适合的原因,并进行汇报分享。

助力成长

MBTI职业性格测试题

一、MBTI测试前须知

1. 参加测试的人员请务必诚实、独立地回答问题,只有如此,才能得到有效的结果。

2. 《性格分析报告》展示的是你的性格倾向,而不是你的知识、技能、经验。

3. MBTI提供的性格类型描述仅供测试者确定自己的性格类型之用,性格类型没有好坏,只有不同。每一种性格特征都有其价值和优点,也有缺点和需要注意的地方。清楚地了解自己的性格优势和劣势,有利于更好地发挥自己的特长,而尽可能地在为人处事中避免自己性格中的劣势,更好地和他人相处,更好地做重要的决策。

4. 本测试分为四部分,共 93 题;需时约 18 分钟。所有题目没有对错之分,请根据自己的实际情况选择。将你选择的 A 或 B 所在的○涂黑,图例:●。

只要你是认真、真实地填写了测试问卷,那么通常情况下你都能得到一个确实和你的性格相匹配的类型。希望你能从中或多或少地获得一些有益的信息。

二、情景描述

1. 哪一个答案最能贴切地描绘你一般的感受或行为?

表 2-4　MBTI 职业性格测试一

序号	问题描述	选项	E	I	S	N	T	F	J	P
1	当你要外出一整天,你会 A. 计划你要做什么和在什么时候做 B. 说去就去	A							○	
		B								○
2	你认为自己是一个 A. 较为随兴所至的人 B. 较为有条理的人	A								○
		B							○	
3	假如你是一位老师,你会选择教 A. 以事实为主的课程 B. 涉及理论的课程	A			○					
		B				○				
4	你通常 A. 与人容易混熟 B. 比较沉静或矜持	A	○							
		B		○						
5	一般来说,你比较合得来的是 A. 富于想象力的人 B. 现实的人	A				○				
		B			○					
6	你是否经常让 A. 你的情感支配你的理智 B. 你的理智主宰你的情感	A						○		
		B					○			
7	处理许多事情上,你会喜欢 A. 凭兴所至行事 B. 按照计划行事	A								○
		B							○	
8	你是否 A. 容易让人了解 B. 难于让人了解	A	○							
		B		○						

续表

序号	问题描述	选项	E	I	S	N	T	F	J	P
9	按照程序表做事， A. 合你心意 B. 令你感到束缚	A							○	
		B								○
10	当你有一份特别的任务,你会喜欢 A. 开始前小心组织计划 B. 边做边找需要做什么	A							○	
		B								○
11	在大多数情况下,你会选择 A. 顺其自然 B. 按程序表做事	A								○
		B							○	
12	大多数人会说你是一个 A. 重视自我隐私的人 B. 非常坦率开放的人	A		○						
		B	○							
13	你宁愿被人认为是一个 A. 实事求是的人 B. 机灵的人	A			○					
		B				○				
14	在一大群人当中,通常是 A. 你介绍大家认识 B. 别人介绍你	A	○							
		B		○						
15	你会与之做朋友的是 A. 常提出新主意的人 B. 脚踏实地的人	A				○				
		B			○					
16	你倾向 A. 重视感情多于逻辑 B. 重视逻辑多于感情	A						○		
		B					○			
17	你比较喜欢 A. 坐观事情发展才做计划 B. 很早就做计划	A								○
		B							○	
18	你喜欢花很多的时间 A. 一个人独处 B. 和别人在一起	A		○						
		B	○							

续表

序号	问题描述	选项	E	I	S	N	T	F	J	P
19	与很多人一起会 A. 令你活力倍增 B. 常常令你心力交瘁	A B	○	○						
20	你比较喜欢 A. 很早便把约会、社交聚会等事情安排妥当 B. 无拘无束,看当时有什么好玩就做什么	A B							○	○
21	计划一个旅程时,你较喜欢 A. 大部分的时间都是按当天的感觉行事 B. 事先知道大部分的日子会做什么	A B							○	○
22	在社交聚会中,你 A. 有时感到郁闷 B. 常常乐在其中	A B	○	○						
23	你通常 A. 和别人容易混熟 B. 趋向自处一隅	A B	○	○						
24	会更吸引你的是 A. 思维敏捷及非常聪颖的人 B. 实事求是,具有丰富常识的人	A B			○	○				
25	在日常工作中,你会 A. 颇为喜欢处理迫使你分秒必争的突发情况 B. 通常预先计划,以免要在压力下工作	A B							○	○
26	你认为别人一般 A. 要花很长时间才认识你 B. 用很短的时间便认识你	A B	○	○						

2. 在下列每一对词语中,哪一个词语更合你心意? 请仔细想想这些词语的意义,而不要理会它们的字形或读音。

表 2-5　MBTI 职业性格测试二

序号	问题描述	选项	E	I	S	N	T	F	J	P
27	A. 注重隐私　B. 坦率开放	A		○						
		B	○							
28	A. 预先安排的　B. 无计划的	A							○	
		B								○
29	A. 抽象　B. 具体	A				○				
		B			○					
30	A. 温柔　B. 坚定	A						○		
		B					○			
31	A. 思考　B. 感受	A					○			
		B						○		
32	A. 事实　B. 意念	A			○					
		B				○				
33	A. 冲动　B. 决定	A								○
		B							○	
34	A. 热衷　B. 文静	A	○							
		B		○						
35	A. 文静　B. 外向	A		○						
		B	○							
36	A. 有系统　B. 随意	A							○	
		B								○
37	A. 理论　B. 肯定	A				○				
		B			○					
38	A. 敏感　B. 公正	A						○		
		B					○			

序号	问题描述	选项	E	I	S	N	T	F	J	P
39	A. 令人信服　　B. 感人的	A					○			
		B						○		
40	A. 声明　　B. 概念	A			○					
		B				○				
41	A. 不受约束　　B. 预先安排	A								○
		B							○	
42	A. 矜持　　B. 健谈	A		○						
		B	○							
43	A. 有条不紊　　B. 不拘小节	A							○	
		B								○
44	A. 意念　　B. 实况	A				○				
		B			○					
45	A. 同情怜悯　　B. 远见	A						○		
		B				○				
46	A. 利益　　B. 祝福	A					○			
		B						○		
47	A. 务实的　　B. 理论的	A			○					
		B				○				
48	A. 朋友不多　　B. 朋友众多	A		○						
		B	○							
49	A. 有系统　　B. 即兴	A							○	
		B								○
50	A. 富想象的　　B. 以事论事	A				○				
		B			○					
51	A. 亲切的　　B. 客观的	A						○		
		B					○			

续表

序号	问题描述	选项	E	I	S	N	T	F	J	P
52	A. 客观的　　B. 热情的	A					○			
		B						○		
53	A. 建造　　B. 发明	A			○					
		B				○				
54	A. 文静　　B. 合群	A		○						
		B	○							
55	A. 理论　　B. 事实	A				○				
		B			○					
56	A. 富同情　　B. 合逻辑	A						○		
		B					○			
57	A. 具分析力　　B. 多愁善感	A					○			
		B						○		
58	A. 合情合理　　B. 令人着迷	A			○					
		B			○					

3. 哪一个答案最能贴切地描绘你一般的感受或行为?

表 2-6　MBTI 职业性格测试三

序号	问题描述	选项	E	I	S	N	T	F	J	P
59	当你要在一个星期内完成一个大项目,你在开始的时候会 A. 把要做的不同工作依次列出 B. 马上动工	A							○	
		B								○
60	在社交场合中,你经常会感到 A. 与某些人很难打开话题和保持对话 B. 与多数人都能从容地长谈	A		○						
		B	○							
61	要做许多人也做的事,你比较喜欢 A. 按照一般认可的方法去做 B. 构想一个自己的想法	A			○					
		B				○				

续表

序号	问题描述	选项	E	I	S	N	T	F	J	P
62	你对待刚认识的朋友 A. 能马上说出你的兴趣 B. 要待他们真正了解你之后才可以说出你的兴趣	A	○							
		B		○						
63	你通常较喜欢的科目是 A. 讲授概念和原则的 B. 讲授事实和数据的	A				○				
		B			○					
64	你认为较高的赞誉或称许为 A. 一贯感性的人 B. 一贯理性的人	A						○		
		B					○			
65	你认为按照程序表做事 A. 有时需要,但一般来说你不喜欢这样做 B. 大多数情况下是有帮助且是你喜欢做的	A								○
		B							○	
66	和一群人在一起,你通常会选 A. 跟你很熟悉的个别人谈话 B. 参与大伙的谈话	A		○						
		B	○							
67	在社交聚会上,你会 A. 是说话很多的一个 B. 让别人多说话	A	○							
		B		○						
68	把周末期间要完成的事列成清单,这个主意 A. 正合你意 B. 使你提不起劲	A							○	
		B								○
69	你认为较高的赞誉或称许为 A. 能干的 B. 富有同情心	A					○			
		B						○		
70	你通常喜欢 A. 事先安排你的社交约会 B. 随兴之所至做事	A							○	
		B								○
71	总的说来,要做一个大型作业时,你会选 A. 边做边想该做什么 B. 首先把工作按步细分	A								○
		B							○	

序号	问题描述	选项	E	I	S	N	T	F	J	P
72	你能否滔滔不绝地与人聊天 A. 只限于跟你有共同兴趣的人 B. 几乎跟任何人都可以	A		○						
		B	○							
73	你会 A. 跟随一些证明有效的方法 B. 分析还有什么毛病,及针对未解决的难题	A			○					
		B				○				
74	为乐趣而阅读时,你会 A. 喜欢奇特或创新的表达方式 B. 喜欢作者直话直说	A				○				
		B			○					
75	你宁愿替哪一类上司(或者老师)工作 A. 天性纯良,但常常前后不一的 B. 言辞尖锐,但永远合乎逻辑的	A						○		
		B					○			
76	你做事多数是 A. 按当天心情去做 B. 照拟好的程序表去做	A								○
		B							○	
77	你是否 A. 可以和任何人按需求从容地交谈 B. 只是对某些人或在某种情况下才可以畅所欲言	A	○							
		B		○						
78	要做决定时,你认为比较重要的是 A. 据事实衡量 B. 考虑他人的感受和意见	A					○			
		B						○		

4. 在下列每一对词语中,哪一个词语更合你心意?

表 2-7 MBTI 职业性格测试四

序号	问题描述	选项	E	I	S	N	T	F	J	P
79	A. 想象的　　B. 真实的	A				○				
		B			○					
80	A. 仁慈慷慨的　　B. 意志坚定的	A						○		
		B					○			

续表

序号	问题描述	选项	E	I	S	N	T	F	J	P
81	A. 公正的　　B. 有关怀心	A					○			
		B						○		
82	A. 制作　　B. 设计	A			○					
		B				○				
83	A. 可能性　　B. 必然性	A				○				
		B			○					
84	A. 温柔　　B. 力量	A						○		
		B					○			
85	A. 实际　　B. 多愁善感	A					○			
		B						○		
86	A. 制造　　B. 创造	A			○					
		B				○				
87	A. 新颖的　　B. 已知的	A				○				
		B			○					
88	A. 同情　　B. 分析	A						○		
		B					○			
89	A. 坚持已见　　B. 温柔有爱心	A					○			
		B						○		
90	A. 具体的　　B. 抽象的	A			○					
		B				○				
91	A. 全心投入　　B. 有决心的	A						○		
		B					○			
92	A. 能干　　B. 仁慈	A					○			
		B						○		
93	A. 实际　　B. 创新	A			○					
		B				○				
	每项总分									

三、评分规则

1. 当你将●涂好后,把8项(E、I、S、N、T、F、J、P)分别加起来,并将总和填在每项最下方的方格内。

2. 请复查你的计算是否准确,然后将各项总分填在下面对应的方格内。

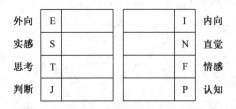

图 2-2 MBTI 职业性格测试各项总分

四、确定类型的规则

1. MBTI 以四个组别来评估你的性格类型倾向:"E-I""S-N""T-F"和"J-P"。请你比较四个组别的得分。每个子别中,获得较高分数的那个类型,就是你的性格类型倾向。例如,你的得分是:E(外向)12分,I(内向)9分,那你的类型倾向便是 E(外向)了。

2. 将代表获得较高分数的类型的英文字母,填在下方的方格内。如果在一个组别中,两个类型获同分,则依据下边表格中的规则来决定你的类型倾向。

图 2-3 MBTI 职业性格类型评估

本章思考与讨论

1. 请各位同学结合职业兴趣和职业能力思考:你想成为一个什么样的人?为了成为那个可能的自己,你应该从哪里开始做起呢?

2. 当今社会发展迅速,科技不断进步,你认为当今社会需要什么样的人才?你又需要做哪些准备呢?

本章学习日记

第三章
职业生涯决策与管理

本章学习目标

- 了解并掌握职业决策的方法与过程。
- 掌握职业生涯管理的有效方式。
- 掌握职业生涯发展阶梯的模式。

引导案例

布里丹毛驴效应

法国哲学家布里丹养了一头小毛驴，他每天要向附近的农民买一堆草料来喂。

这天，送草的农民出于对哲学家的景仰，额外多送了一堆草料放在旁边。这下子，毛驴站在两堆数量、质量和与它的距离完全相等的干草之间，可为难坏了。它虽然享有充分的选择自由，但由于两堆干草价值相等，客观上无法分辨优劣，于是它左看看，右瞅瞅，始终无法分清究竟选择哪一堆好。

于是，这头可怜的毛驴就这样站在原地，一会儿考虑数量，一会儿考虑质量，一会儿分析颜色，一会儿分析新鲜度，犹犹豫豫，来来回回，在无所适从中活活地饿死了。

那头毛驴最终之所以饿死，其悲剧原因就在于它左右都不想放弃，不懂得如何决策。人们把这种决策过程中犹豫不定、迟疑不决的现象称之为"布里丹毛驴效应"。

——张华、罗玲云：《职业生涯规划学程》，南京大学出版社，2018 年版

【小组讨论】

结合布里丹毛驴效应的启示，请你思考，在个人职业生涯的决策中，需要考虑和兼顾的因素有哪些？你如何权衡这些因素？

第一节　职业决策的方法与过程

一、职业决策的基础

依据职业决策的认知信息加工理论：在职业决策认知信息加工的金字塔构架中，自我认知和职业认知两大因素共同构成了职业决策的基础。换言之，大学生想要做出理智的职业决策，首先要清晰地认识自我：我喜欢什么、我不喜欢什么、我擅长什么、我不擅长什么等问题。与此同时，对社会上的各类职业也要具备一定的了解。

在自我认知方面，大学生要能把握好自身的职业价值观、兴趣和技能。每个人的职业价值观受到家庭环境、学校教育、社会环境的影响，它关系到每个人对工作的满意度。如果找到符合我们职业价值观的工作，工作就变得有目的、有意义，我们会乐在其中，并不断实现自身价值。因此，大学生要把握好自身的核心职业价值观，选择能体现自身核心价值观的工作。职业指导专家弗兰克·帕森斯率先提出兴趣是个人职业选择的重要因素。类似地，心理学家约翰·霍兰德也强调兴趣是人格中最重要的组成部分，在职业选择过程中起重要的作用。近代很多研究表明：如果从事个人感兴趣的职业，能有效发挥个人才能，且保持高效工作也不易感觉疲惫。大学生往往遵循个人兴趣选择职业方向，在当下多元化发展的社会环境下，选择自己感兴趣的职业是职业决策的基础。技能是通过学习和操练发展起来的，是人们从事活动时有效地运用天赋和知识的能力。大学生在做职业决策之前，应当通过有效途径认识自己的技能领域以提高职业规划的准确性，可以借助各类科学有效的测评工具测试个人的能力和潜质，也可以通过回顾个人成长经历分析自身的天资和技能。只有弄清楚自身擅长的技能领域，才能保证扬长避短，这是理性职业决策的重要前提。

在职业认知方面，目前的大学生对社会上各类职业的了解普遍比较欠缺。造成这一问题的主要原因在于我国基础教育追求升学而忽视社会实践，致使大学生对社会缺乏接触，对各行各业缺乏全面系统的了解。大学生可以在踏入职场之前，联系自己感兴趣的公司或单位,现场观摩或申请实习,感受职业的真实工作状态;也可以通过网站、招聘会、任务访谈等途径具体了解职业的工作性质、学历能力要求、薪资待遇情况、行业发展前景、岗位晋升途径等信息。

二、职业决策的方法

(一)"5W"法

在职业决策与管理中,"5W"是一种相对简单的模式,也是一种归零的思考模式。5 个 W 依次对应五个问题:"Who am I? (我是谁?)""What shall I do? (我要做什么?)""What can I do(我会做什么?)""What does the situation allow me to do? (在环境背景下我能做什么?)""What is the plan of my career and life? (我的职业生涯和人生的规划是什么?)"这五个问题启发人们从根本上思考自我身份、目的与出发点、自身能力、环境背景、长远规划等问题。成功回答出以上五个问题,有助于更好地认清自我,厘清职业决策思路,这也就迈出了职业决策的第一步。

(二)SWOT 分析法

SWOT 分析法在职业决策和管理中起着重要的指导作用。在 SWOT 模型中,S(strength)代表优势,W(weakness)代表劣势,O(opportunity)代表机会,T(threat)代表威胁。这四个因素中,S、W 属于内部因素,O、T 属于外部因素。在职业决策管理中,如果能对自己做深入的 SWOT 分析,也可详细评估目标职业的机遇和潜在威胁。

运用 SWOT 分析时,首先分析自身的优势和劣势:罗列出自己的优点和兴趣点,同时罗列出自己的缺点和不感兴趣的事物,在此基础上有针对性地弥补和提升自己的劣势,并放弃不感兴趣的方面。其次分析外部机会和潜在威胁:结合自身目标职业,找出其对应的机遇和威胁,这些外部因素会直接影响人们未来的职业生涯发展,要在深入剖析的基础上,做出理性的职业决策。

构造 SWOT 分析矩阵:将罗列出的优势、劣势、机会、威胁根据影响大小、轻重缓急依次排列,把直接影响的、迫切而重要的因素放在前面,间接影响的、次要的因素排在后面,将四个因素交叉匹配分析,得出对策并有针对性地制订计划,从而发挥优势、克服劣势,利用机遇规避威胁,达到最佳效果。

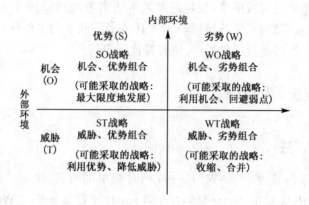

图 3-1 SWOT 分析矩阵

（三）卡茨模式

当人们面对两个及两个以上的职业规划选择时，运用卡茨模式进行分析是最为高效的。卡茨模式需要首先构建决策方块。在确定了两到三个备选职业的基础上，结合个人的价值满足程度、兴趣、擅长技能，用优、良、中、差四个等级对职业的回报进行评价；再结合个人的工作能力、必要的准备、职业展望等因素，用优、良、中、差四个等级对职业的成功机会进行评价。每个职业所对应的"回报"和"成功机会"两维度的数值都会呈现在职业生涯决策方块中，两个数值相乘得出的最大数值所对应的职业就是最大期望价值的职业。

图 3-2 构建决策方块

（四）决策平衡单分析法

决策平衡单分析法同样适用于两个及两个以上职业规划的选择，其原理是将不同职业的价值进行量化对比。第一,罗列出备选的两到三个职业方向;第二,从自我物质方面的得失、他人物质方面的得失、自我精神方面的得失、他人精神方面的得失这四大维度,罗列出职业规划考虑的要素;第三,对每个考虑要素设置权重;第四,根据所设权重给每个备选职业打分,将分数累计得出总分,并排出职业选择的优先级。

表 3-1　决策平衡单分析

	正面的预期(＋)	负面的预期(一)
自我物质方面的得失		
他人物质方面的得失		
自我精神方面的得失		
他人精神方面的得失		

三、职业决策的过程

(一)了解自己

大学生要做好科学合理的职业决策,首先要客观理性地了解自己、认识自己。首先,应该充分了解自我的生理、心理特征。生理特征源于父母,形成于后天,包括个人的性别、年龄、身高、体重、相貌、体能等。生理特征没有绝对的好坏之分,但是大学生应当根据个人生理特点、结合特定的岗位特征,有意识地扬长避短,做出行之有效的职业规划。心理特征包括兴趣、性格、智商、情商、思维方式、价值观等因素,我们可以借助一些自我探索活动、自我评定、心理测试等全方位了解自己的心理特点,从而更好地确定自己的职业方向与目标。除此之外,认识自己的学历和资历、自我期望、家庭背景等也是帮助大学生全面了解自己的重要因素。

(二)了解职业

大学生在充分了解自己的基础上,应当对未来所从事的职业做全面的了解。大学生应当了解社会的产业结构、行业结构与基本分类、社会职业的发展趋势、职业流动特点与规律等。在此基础上,大学生应当深入了解不同职业的性质、特点、任务、工作环境、资质要求等方面的信息。确定自己想要从事的职业方向后,大学生应积极寻找工作资源和空缺岗位,并进一步了解职业教育培训信息:从事某种特定职业,需要什么职业资格? 需要接受什么教育与培训? 怎样选择教育培训机构? 怎样对自己的职业胜任情况进行评估? 需要从哪些方面提升自己?

大学生可以通过政府或者学校就业指导部门提供的线上、线下资料,各类媒体发布的职业资料信息,劳动服务部门、职业服务机构提供的信息,用人单位提供的就业信息,或者借助个人社会关系拓展信息渠道,充分了解社会职业;也可以充分利用校园资源,多与就业课程相关教师沟通,与已经毕业就业的学长、学姐交流,做好对社会职业的充分了解。

(三)进行合适的职业决策

无论是个人信息资料还是职业信息资料,都必须经过准确、全面的解读,才有可能帮助大学生科学地确立自己的短期或者长期职业生涯发展目标,并制订一系列有针对性的计划去实施,从而顺利过渡到职业生涯并获得良好发展。

由于职业世界处于不断变动之中,大学生需要掌握一定的职业决策技巧,培养自身职业决策能力,克服困难,实现自身职业决策的目标。

首先,可以列出备选的几种工作岗位,从工作性质、工作内容、工作方式、工作要求等方面,检验自己对该工作了解多少,如果有自己不清楚的地方,应及时深入了解。大学生可以通过信息检索、与人接触沟通等方式获得职业决策的参考。值得注意的是,许多工作的内容、方式、角色、要求是相互交叉的,它们互不相同却又彼此关联;而即使是相同的工作岗位,也存在工作角色、责任分工的不同侧重,这就需要大学生提前通过各类渠道做好详细的了解。

充分了解备选工作岗位之后,要认真思考究竟什么工作真正适合自己:我做这份工作是否勉强? 职业规划实现的可能性大不大? 我的心理预期和现实情况之间是否有距离? 为了有效分析你的备选工作岗位的现实可能性,可以依据以下两方面评价自己的备选工作:第一,从自我能力可能性和价值实现方面。例如,可以向自己提问:我有能力胜任这份工作吗? 我的能力能得到充分发挥吗? 我能承担这份工作的责任与挑战吗? 我的价值观与企业相矛盾吗? 第二,从目标可能性和匹配可能性方面。这是我感兴趣的工作吗? 我能得到期望的报酬吗? 我的教育背景、社会经验、资格条件等和这份工作的要求相匹配吗? 这份工作能帮助我实现预期的生活方式吗? 对于上述问题,大学生应当认真思考,如果你的答案中"可能"占多数,证明你所选择的工作岗位有一定实现的基础;反之,则需要重新考虑你的选择了。

在对工作岗位进行全面了解之后，下一步可以对备选工作进行排序。主要应当纳入考虑的因素包括：单位性质、单位规模、收入情况、福利待遇、专业对口程度、晋升机制、提升与培训机会、工作环境、地理位置条件、交通状况、工作稳定性等。每个人应当根据个人不同情况，对上述因素的权重适度调整。任何一个单位和工作岗位，都有其有利优势和不利因素，在选择工作岗位时，大学生应端正好自身心态，学会权衡，针对具体工作岗位，结合个人的职业兴趣、价值观等因素进行分析评价。

事实上，几乎不存在完美的职业，只有适合自己的职业。寻找适合自己的职业并非只是寻找一个高收入、高薪水的职业，所以，大学生在职业选择上要慎重思考，综合考虑上述的诸多因素以免失误。

第二节　大学生职业生涯管理

一、大学生职业生涯管理的重要意义

对整个社会来说，和谐社会是一个和而不同、充满竞争和机遇的社会。而现实生活中，我们往往会看到大学生选择专业、就业时会出现"扎堆"现象：很多人趋向选择所谓的热门专业与行业。这将导致整个社会缺乏系统的规划和有序的运行，人力资源分布不均匀，造成大量浪费。职业生涯规划管理的推广和有序运行有助于引导社会对人才的培养，构建人才结构协调的理想社会就业环境。

对企业而言，科学的职业生涯管理能帮助企业更好地开发、利用人力资源和留住人才。通过有效的职业生涯管理，企业能树立起"以人为本"的思想，致力于培养人才的职业技能，为人才提供更多的发展机会，从而使人才认可自己在企业中的价值并为之不懈奋斗。通过推行职业生涯管理，企业也能更加有效地整合人才，在充分考虑员工的特点、兴趣、发展目标的前提下，帮助员工科学管理职业生涯，把个人发展纳入企业管理范畴，使员工了解自己在组织机构中的发展前景。

对大学生来说，科学理性的职业生涯管理有利于自身的职业定位和对自己的合理评估，帮助寻找真正适合自己的工作，避免因为认识的偏差和信息的不对称所造成的盲目性。经过专业职业生涯管理人员的指导，大学生能更加有效地明确努力方向，少走弯路，更好地发挥自我优势和潜能，为企业、为社会创造更大价值。

二、大学生职业生涯管理的基本方法

（一）职业分析

要做好科学合理的职业生涯管理，首先要对所处的工作环境做好深入分析。大学生通过职业问卷调查分析、工作日志实录、访谈、工作实践等方法，可掌握岗位的基本信息，包括职位名称、行业信息、岗位性质、直接上级、定员人数、晋升机制、提升培训等；也可把握目标岗位对从业者在文化知识水平、社会经验、技能要求、性格特点等方面的要求。

（二）素质测评

大学生可通过卡特尔人格测验、霍兰德职业倾向测验、智力测验、管理能力测验等对自己的个性、职业倾向、智力水平、管理能力等方面进行测试，了解自身的基本情况，全面分析自身优势与不足，在做职业规划管理时扬长避短，并针对个人不足制订相应的培训提升计划从而在此基础上综合考虑适合自己的工作岗位。

1. 卡特尔人格测验

卡特尔人格测试主要围绕 16 种人格因素进行测验。这 16 个因素分别包括乐群性、聪慧性、稳定性、恃强性、兴奋性、有恒性、敢为性、敏感性、怀疑性、幻想性、世故性、忧虑性、实验性、独立性、自律性、紧张性。

从这些相对独立的人格特点对人进行描述评价，可以了解被测试者在环境适应、专业成就、心理健康方面的表现。在职场人事管理中，这 16 种人格因素能够预测应试者的工作稳定性、工作效率、压力承受能力等，为职场人事决策和诊断提供个人心理综合素质的参考依据。

2. 霍兰德职业兴趣测试

霍兰德职业兴趣测试将人的兴趣分为社会型（S）、企业型（E）、常规型（C）、现实型（R）、研究型（I）、艺术型（A）六个维度。每个人都是这六个维度的不同程度的组合。根据霍兰德职业兴趣测试，个体的职业兴趣会直接影响其对职业的满意程度，当个体所从事的职业与职业兴趣类型相匹配时，其潜能可以得到最充分的发挥，工作效率也大大提升。

3. 韦氏智力测验

韦氏智力测验是国际通用的智力量表,量表中包含 10—12 个分项测验,包括言语部分和操作部分。测验者不仅可以得到总智商,还可以分析出个体在智力上的强项和弱项,不仅体现了左、右脑功能的整合,也显示了个体的职业能力倾向。

表 3-2　韦氏智力测验内容

测验	分测验	主要测量功能
言语量表	1. 知识	知识广度、学习与接受能力、材料记忆能力、日常事务认识能力
	2. 领悟	一般知识、判断能力、运用实际知识解决新问题的能力、抽象思维能力
	3. 算术	数学计算推理能力、主动注意能力
	4. 相似性	逻辑思维能力、抽象思维能力、概括能力
	5. 数字广度	注意力、短时记忆能力
	6. 词汇	言语理解能力、抽象概括能力、知识范围、文化背景
操作量表	7. 数字符号	一般学习能力、知觉辨别能力、灵活性、动机强度
	8. 图画填充	视觉辨认能力、视觉记忆能力、视觉理解能力
	9. 木块图	空间关系辨认能力、视觉结构分析和综合能力、视觉运动协调能力
	10. 图片排列	分析综合能力、因果关系观察能力、社会计划性、预期力、幽默感
	11. 图形拼凑	局部与整体关系处理能力、概括思维能力、知觉组织能力、辨识能力

4. 能力倾向测试

能力倾向测试,也称能力测试,指个体比较稳定的、表现在认知能力方面的心理特质,包括人的观察力、注意力、记忆力、理解力、抽象思维力、判断推理力等。许多企业、用人单位在挑选人才时也常常运用到能力倾向测试,其内容主要包括一般能力、特殊能力、机械能力、创造能力、领导能力等。具体来说,一般能力倾向测试包括记忆能力、词汇、数字、言语表达能力等在内的智力能力;特殊能力包括文书能力、心理运动能力;机械能力倾向测试则主要测试机械操作能力;创造能力表现为思维的灵活性、发散性、独特性和流畅性;领导能力倾向测试包括逻辑推理能力倾向测试、敏感性与沟通能力倾向测试。

（三）职业通道设计

职业通道设计主要包括职业目标定位和职业阶梯规划。在职业目标定位方面，大学生应根据自身的兴趣、能力、性格特征、实际工作经验等因素制定短期、中期、长期目标，不同阶段的具体目标可包括：职业技能、资格证书、岗位晋升等。在职业阶梯规划上，大学生首先要通过参与各类职业指导活动并结合自身情况选择合适的岗位，然后明确职业生涯的方向和路线并选择职业生涯阶梯模式，把握自己职位的晋升方式与晋升机会。

（四）职业规划实施

大学生在做好一系列的职业生涯设计与规划之后，实施环节才是关键。大学生应积极参与企业或者社会提供的配套培训，有针对性地提升自己各方面的技术与能力，不断了解企业文化、经营理念、管理制度，在工作实践的过程中根据情况变化及时做好计划的调整，制定好备选方案，从而向着职业规划的目标一步步迈进。这里所指的实施，是指落实目标的具体行为措施，包括工作、训练、教育、轮岗等方面。例如：为了达成目标，在工作方面，你计划采取何种措施提升工作效率？在业务素质方面，你计划学习哪些知识技能，提升业务处理能力？在潜能开发方面，你计划采取什么措施挖掘和开发你的潜能？要制订具体详细的计划，便于定期检查。

实施职业规划的同时，需要注意以下问题。

（1）无论你未来从事的职业是什么，对待工作要认真负责。换言之，对自己的工作要敬业，恪守职业道德。

（2）和谐融洽的职场人际关系非常重要。事实证明，人际关系处理得当，员工的工作效率会显著提升。

（3）要能发现变化并适应变化，不管周围环境，或者你的人生某一阶段出现任何变化，你都应该能够沉着应对，发现其中的机遇并把握好这些机遇。

（4）未来的工作者可能需要经历角色的转换，工作者要善于灵活地从当前工作角色切换到另一个，并及时适应新环境、新情况。

（5）要及时学习新知识、新技术，及时为自己充电，运用新知识、新技术有效提升自己的综合业务能力。

（6）广泛学习各类指南性知识，积极参与培训机构、学校开展的各类职业培训，积极预探新领域。

第三节　职业生涯发展阶梯

一、职业生涯发展阶梯模型

（一）单阶梯模式

单阶梯模式，又称为"I"型路径，指员工在"技术道路"和"管理道路"之中做出单一选择，并在组织机构中朝着所选的道路方向不断发展。单阶梯模式往往是员工在性质比较单一的组织机构中实行的模式。

（二）双阶梯模式

双阶梯模式，又称为"H"型路径，指员工在"技术道路"和"管理道路"上同时得到发展。很多企业为员工开通双阶梯模式的发展通道，为的是摆脱传统职业生涯发展单阶梯的弊端，使有才能的员工能有更大的发展机会和空间。在这种发展模式下的员工承担更多的工作，获取更多报酬，有更广阔的职业发展前景。

（三）多阶梯模式

多阶梯模式，在双阶梯模式的基础上，将员工的职业发展途径进一步细化，为员工在企业中的发展提供更多机会。多阶梯发展模式对员工的自身素养和综合工作能力提出了更高的要求，员工也需要参与更多深入、细致的培训以提升自我。

（四）三维发展模式

著名组织行为学家施恩（E. H. Schein）将三维发展模式比作一个职业圆锥模型，这个模型生动地描绘了个人在组织机构中的三种发展路线：向核心集团靠拢、在组织机构中的职务发展阶梯上向上攀爬、在组织内部的不同职能部门间轮换。三维发展模式下的员工在不断晋升高层次职位的同时，能丰富和拓展本层次的工作阅历，熟悉各种工作业务。

二、职业生涯发展阶梯管理

职业发展的阶梯模型只是归纳了员工发展的不同模式,但是在自己的职业岗位上"走多远""走多快""怎么走"等问题并没有解决。想要最终实现职业生涯发展管理的目标,就要将职业发展阶梯模型理论与职业发展阶梯宽度("怎么走")、长度("走多远")和频率("走多快")的管理模式相配合。

(一)职业生涯阶梯的宽度

职业生涯阶梯的宽度,指组织机构中员工发展通道类型的多少。根据企业类型、工作模式的不同,职业生涯阶梯可窄可宽。"多阶梯模式"和"三维发展模式"适用于对员工综合素质能力要求较高的企业。一般情况下,员工还要具备较强的适应能力和自我调整能力,才能在多个职能部门、不同工作环境中不断轮换。相反,"单阶梯模式"和"双阶梯模式"则只要求员工具备有限的专业能力与经验,能够在特定的职能部门和工作环境中有相应工作经历即可。

相对来说,"多阶梯模式"和"三维发展模式"下,发生"职业高原",或者因为"彼得陷阱"而导致"职业枯竭"的概率相对较低。所谓"职业高原",是指员工由于外部组织或者自身原因,在职业阶梯向上移动发展的可能性变小的情况;"彼得陷阱"指员工趋向于被晋升到更高一级的岗位,甚至晋升到自己所不能胜任的岗位;"职业枯竭"有时也被称作职业倦怠,指员工因为持续的工作压力、消极情绪等陷入身心疲惫的状态。但是,"多阶梯模式"和"三维发展模式"下因其他原因导致的"职业枯竭"的概率则相对较高。

(二)职业生涯阶梯的长度

所谓职业生涯阶梯的长度,指组织机构中员工职业发展阶梯数量的多少,也就是企业中从基层员工到总经理直接管理层级的数量。根据企业组织机构的规模和工作复杂程度的不同,职业生涯阶梯可长可短。通常定义职业生涯阶梯中的等级在 4 级以下的为"短阶梯",介于 5—10 级的为"中阶梯",在 10 级以上的为"长阶梯"。

相对来说,职业生涯阶梯的长度越长,员工的晋升机会越多,个人能力与职位、责任匹配的选择空间越大,出现"职业枯竭"和"职业高原"的概率越低。但是,职业生涯阶梯不宜过长,过长的职业生涯阶梯意味着组织机构的管理层级过多,反而会制约组织的信息传递、决策执行的效率，不利于员工的长远发展。

（三）职业生涯阶梯的频率

职业生涯阶梯的频率，指的是组织机构中员工职业发展的快慢。根据员工的不同工作能力和业绩表现，职业生涯阶梯有快慢之分，即"快频度梯"和"慢频度梯"。对于个人能力较强、综合素质较高的员工，如果企业正处于快速发展中，往往可以设置"快频度梯"；相反，如果员工本身工作能力和综合素质不够高，或者企业处于成熟甚至衰退时期，由于员工的晋升空间有限，适宜采取"慢频度梯"的职业生涯阶梯模式。

对于职业生涯阶梯的频度管理，员工应当理性把握。一旦职业发展的稳定期过长，就容易造成心理上的"职业高原"；如果出现职业晋升速度过快，或者出现"彼得陷阱"，或者存在岗位分工协调不合理等情况，"职业枯竭"的现象也会愈演愈烈。

三、构建职业生涯发展阶梯

（一）充分认识自身条件和客观环境

大学生要从客观实际情况出发，正确评估自身能力与长处，考虑是否与当前职业岗位需求相适应，是否具备展现自我的客观环境。一个人的职业发展方向是根据自身条件、个人兴趣结合社会环境对职业的需要来确定的。大学生要充分认识自身条件、个人兴趣、所学专业、性格特征、身心素质，分析优点和缺点，从而在社会形形色色的职业岗位中寻找适合自己的职位。由此选定自己职业方向的切入点，在职场实践的磨炼中，坚定信心，发挥个人才干。与此同时，要理性分析当前从事的职业在目前和未来社会的发展和地位，充分考虑本行业未来发展的前景，思考个人在当前工作环境下是否具备有利于成才的条件与和谐的人际关系，考虑是否有必要为转变职业方向而做好准备工作。经历一系列深思熟虑后，职业发展的方向便逐步清晰了。

（二）确立切实可行的目标

为了收获远大的职场前程，大学生要做好详尽的短期、中期、长期目标，并且应该常做自我反思：我做这份工作能帮助我获得什么？是否有利于我个人的发展和进步？一旦有了充分的考虑，你就会清楚什么事是必须做的，什么问题是要避免的，什么困难是要克服的。当然，在制定目标的同时也要以当前的职业岗位为基础，以单位的年度发展计划为依据，再考虑个人的发展计划。

短期目标主要指大学生就业前期的职业生涯规划，这一阶段的重点在于更好地了解自己，掌握知识，积累工作经验，培养良好的工作态度和习惯，结识对自己成长有帮助的人们。切忌把物质回报、金钱、权力作为主要目标，也不要期待一步到位、一蹴而就。中期目标主要指立业时期的规划，这一阶段的重点在于掌握专业领域的知识、技能，并形成一定的优势；找准自己的发展方向并能进行自我管理；明确行业社会的规则；建立好自己的职场人脉网络；逐级提升岗位，获得更多收入。切忌盲目激进或者过度悲观，不要计较一时的得失，积极对抗工作中的厌倦情绪。长期目标主要针对职业生涯的中后期，这一阶段的重点在于在行业或组织机构中形成较为明显的个人优势，有相对稳定的职位和稳步上升的经济收入。

值得一提的是，在发展个人职业生涯的同时，处理好工作与生活的关系也是至关重要的。纵观形形色色的生命历程，有人事业有成，却孤独终身；有人情场得意，却在职场浮沉；有人家财万贯，却失去健康；有人身体强健，却碌碌无为。"成功"并不仅仅局限于工作上的成就，也不单单意味着名利权势，更不能完全以经济积累作为衡量的标准。所谓真正的成功，应该是指生命所达到的平衡状态，兼顾生活的方方面面。平衡的生活有工作有放松，有家庭有自我，有财富也有健康。因此，职业发展的成功也包括任何增加幸福感的行为。

（三）制定具体实施方案和步骤

确立了切实可行的目标后，我们需要制订好行动计划。行动计划围绕如何提升个人综合素质以适应职业规划目标，按照时间安排一系列具体任务，例如参与各类培训班，把握每一次实习、实践机会等，将实现既定的目标划分成若干步骤。制订行动计划通常分为四个步骤：第一，找出包括思想观念、知识能力方面的差距；第二，找出缩小差距的方法，比如加强学习、参与教育培训、实践锻炼、与有经验者探讨交流等；第三，积极寻找实现目标的途径，比如选修相关课程、查询线上线下的资料、了解教育培训方面的信息、寻找兼职机会等；第四，将可能实现的途径列入自己的目标计划。

（四）根据主客观条件的变化不断修正目标

修正职业目标是针对可能出现的、不利于甚至阻碍实现职业目标的因素，或者出现了新的发展机遇，需要考虑是否有必要调整原先的目标，修正之前的职业计划。企业往往青睐富有创新意识、知识扎实、综合能力强、善于与人合作的毕业生。在过去，企业招聘时往往一味追求高学历、热门专业的求职者。近年来，随着时代的不断发展，就业市场供大于求，企业对求职者的要求不断提升，单纯的高学历、好专业已经不能满足企业的需求，企业开始全方位地考察人才，他们开始关注求职者的人品，希望自己的员工脚踏实地，忠诚于自己的公司；希望员工具备较强的应变能力，能快速适应环境的变化，有独立完成任务的能力；高情商也是企业关注的因素，员工要具备一定的社交能力，能够融入团队，相互协作。在对现代企业文化了解不足的情况下，急于把自己"送"进企业，是很多毕业生存在的"通病"，其带来的后果，是毕业生难以融入企业，难以自我发展。

企业需要员工的个性发展，但是无视企业的管理要求，任意发表言论，做事随心所欲，难以与人沟通等行为是用人单位所忌讳的，企业所倡导的员工个性发展有一定的前提，不能任由员工毫无约束地张扬自己的个性。对于企业员工而言，应当服从企业组织的管理和利益，将集体利益放在个人利益之上，只有这样，个人的职业规划才能得到一步步发展。

翻转课堂

1. 请你在课后借助网络，做一做课本中提到的职业决策相关的测试，全方面地了解自己，并与同学相互交流。

2. 请根据自己的测试情况，考虑自己可能适合的工作岗位类型，并与同学互相讨论。

3. 根据自己周边的见闻，你还知道一些值得借鉴的职场新人的经历吗？请积极思考并与同学分享，大家互相讨论造成这一结果的原因以及我们从中能学习到的宝贵经验。

助力成长

职业决策常见陷阱

决策在生活中是不可避免的，人人都需要做决策，或大或小其过程可能也是艰难的。你怎样知道自己做出了明智的选择？如果你被形势、情绪或错误的信息所蒙蔽了呢？当要做出涉及职业生涯的重大决策时，审慎考虑是应该的。但即使经过千思万虑，人们仍然有可能做出糟糕的决策。

下文介绍了六种常见的决策陷阱，一旦陷入其中，很容易做出后悔莫及的职业生涯决策。

1. 先做决定，然后为其辩护

当人们的大脑只接受那些支持自己决策的证据时，证实偏见就产生了。想象一下，你现在得到了一个新的工作机会，你正在考虑当中，你在心中盘算：接受这份工作对我而言是不错的职业变动，不过我想在接受之前还应该权衡利弊……其实这时你已经下定决心了，你会接受新工作，任何权衡都会促使你更加相信这是一个正确的决策。在进行重大决策时，我们应当给予每一种选择以公平的机会，在得到全部信息前，不要偏向任何一方。

2. 向太多认识的人征求意见

想把自己完全搞糊涂吗？向五位以上的亲朋好友征求意见就能办到。这种做法只会带给个人五种甚至更多种不同的意见。当然，他们都爱你、支持你，都是为了你好，每个人的说法听起来也都很有说服力，但自己才是那个唯一紧要的人。征求别人的意见，可以为自己决策提供参考，但是也容易让自己的头脑成为别人思想的跑马场。另外，他们还会把自己的担忧和偏见统统灌输给征询者。如果真的需要一个外部视角，应该找那些能够真正客观看待你问题的人。聘请一位顾问——一个与私人生活或当下境况没有瓜葛的人是比较好的选择。

3. 被恐惧所操纵

一般情况下，由情绪主导的决策没有基于事实和思考的决策那样合理。当主导的情绪是恐惧时，决策的效果会更加糟糕。恐惧会让人做出非理性决策，将个体挟为人质，让个人偏安一隅，且永远不会为个人更远大的抱负提供支持。当恐惧来袭时，我们应能及时察觉，并勇敢面对。请记住，恐惧是我们做出了正确选择的一种迹象。

4. 固执己见，不肯承认事实

《摇摆——难以抗拒的非理性诱惑》(奥瑞·布莱福曼著，鲁刚伟、何伟译，中信出版社，2009 年版)中提到了决策中"执信"的概念：一种固执己见，师心自用的天性。有时候这种天性是如此顽固，以致令人做出完全不合理的决策，仅仅是为了支持那些自己心理、生理或情绪上所热衷的想法。例如，某人从小就希望做一名护士，也在专门学校接受了这方面的训练，打心眼儿里相信这是自己一生的事业。而如今，在从事这份工作几年以后，她感到不开心，护士工作没有带来曾经设想的那种成就感。很多人都有类似情况，但他们是如此"执信"自己以前的想法，以至于无法或不愿看清事实，更谈不上做出违背那种信念的选择。

5. 非黑即白的思维方式

当面对重大的职业生涯决策，人们很容易产生非A即B的心态，即只看到两种选择，中间什么都没有。这是一种限制性的思维模式，会错失身边的许多机会。事实上，总是存在中间路线的。当发觉自己总是以"要么/要么"的模式在思考问题时，就应该跳出来说"是的，还有……"是的，我们有两种选择，还有其他吗？

6. 只想不做

这就是所谓的"优柔寡断"，也是人们最经常遇到的情况。当人们花了一段时间对决策进行思考之后，就应该停下来做出最终的选择。思考花费的时间取决于个人，但注意不要陷入思考的泥潭不能自拔，以至于没有采取行动进行决策。应该给自己的决策预备设定一个时间限制，一旦时间到了，就该放手一搏。

——王明复、孙培雷：《大学生职业生涯规划与求职指导》，清华大学出版社，2012年版

职场新人的禁忌

1. 好高骛远，光说不练

情景一：刚到新单位，小李逢人便开始自我标榜，吹嘘自己在校期间获得的成绩，自己理论知识有多么扎实，综合表现有多么优秀。在几次业务拓展会上，小李滔滔不绝地提出了很多意见，发表了自己的种种想法。当领导吩咐他落实的时候，他却完成得乱七八糟，毫无条理，最后受到领导的严厉批评。

点评：大学毕业生初入社会难免会年轻气盛，满腔激情，急于表现自己，想要得到同事的认可，容易把事情看得过于简单化、理想化，也会对一些琐事不屑一顾。最后没有好好完成领导布置的工作，也影响了自己在同事、上级心目中的印象。年轻的大学生初入职场应适当收敛锋芒，少说多做，多向同事、领导请教，放平心态，脚踏实地地工作。

2. 目中无人，唯我独尊

情景二："名牌"大学本科毕业出身的小张过五关斩六将，终于通过层层筛选成为一位县级市公务员。进入单位后，他发现周围同事的学历不是大专就是中专，还有一些通过自考获得学位的本科生，和他的学历完全不能相提并论。面对这些"凡夫俗子"，小张开始目中无人，说话的语气逐渐流露出傲慢、不可一世的味道。面对

单位里的同事甚至前辈,小张也没有一丝敬畏,竟然直呼40多岁的同事李某"老李"。意气风发的小张在年底的民主测评上倒吸一口冷气:全单位倒数第一。

点评:刚踏上工作岗位的大学生十分容易犯"高傲"的毛病,尤其具有"名校"背景的大学生,认为自己拥有高学历、名校的背景就可以目中无人。事实上,大学生初入职场,应当明白高人一等的学历有时会招来他人的妒忌。虽然自己在学历上有相对较高的起点,但是在工作岗位上的很多知识技能都要从头开始一点点学习。因此,初入职场的大学生应该摆正心态,低调做人,对待同事应当谦和有礼,对待上级领导更加要恭敬礼貌。凡事多从他人角度考虑,切忌以自我为中心,狂妄自大。与同事领导关系不和谐,势必给新员工未来的职业生涯带来很多阻碍。

3. 锱铢必较,口无遮拦

情景三:周末,忙活了一周的小王斜躺在椅子上唉声叹气,周围同事都关心地问他怎么了,小王历数了自己一个月的工作内容:给三个同事每人轮流当了一周"学徒工",不仅自己的工资很低,而且功劳都记在了别人头上;给领导出去冲洗照片,冲洗费是报销了,可是来回的打车费还是得自掏腰包;几天前的一项业务没有谈成,主要就是领导死脑筋,不懂得周旋,能力水平有限,在这样的单位里做事始终没有前途……小王一开启"吐槽模式"就滔滔不绝,自己也没有想到最后这些话都传到了领导耳中,之后,领导还多次在公开场合含沙射影地批评了小王。

点评:初入职场的大学生从基层做起、当"学徒",都是正常现象,多干一些琐事杂事,也是不断学习的过程。如果刚刚进入新单位就整天抱怨、挑三拣四、心怀不满,尤其对工资待遇斤斤计较往往是最愚蠢的。一方面,万事开头难,一时的工资不代表未来发展的情况;另一方面,过于计较工资会给同事领导留下不好的印象。"祸从口出"的古训要牢牢记住,职场新人还是应当少说话,多做事。

4. 越俎代庖,邀功领赏

小刘毕业以后进入一家私营企业,专业对口,业务也算熟练。老板也很看重年轻人,于是,小刘也时不时对公司经营、业务拓展上提出一些个人看法和建议。一开始,老板很高兴,也采纳了一些小刘提出的意见,还常夸小刘有想法、有干劲,爱岗敬业,也时常分配一些重要的任务给小刘做。时间一长,小刘开始飘飘然了,认为自己是老板的左膀右臂,是老板不可或缺的一员猛将,于是他开始指责工作上出差错的同事,还当众把对方批评一通;有些业务他还不经过老板批准就擅自做主;开会时也常常打断老板说话,急着标榜自己的功绩,有时甚至把别人的功劳也算作自己的。最后老板终于忍无可忍,找了一个小小的借口就把小刘辞退了。

点评:年轻人在单位里努力工作,想要展现自身能力,最大限度地获得同事与领导的认可,本理所应当,但是在论功行赏时要展现出新人的胸襟和气量,以宽广的胸怀赢得人缘。在职场中,任何老板都忌讳手下员工居功自傲,越俎代庖,擅作主张,也不能容忍员工对自己指手画脚。因此,大学生初入职场,在展现自己工作能力的同时,一定要时刻记住自己在单位里的身份和职责,安守本分。

5. 朝三暮四,频繁跳槽

情景五:大学毕业生小朱通过层层考试和选拔,顺利进入了某学校任教,收入可观而且工作稳定,和周围的同学相比,自己也算中上游。在一次同学聚会上,小朱看到有同学过得比自己好,收入比自己高,心里极度不平衡,觉得以自己的能力完全能比别人过得更好。于是,在学校刚任教了两个学期,小朱就决定辞职,跳槽去了另一家公司。来到新公司,小朱才发现事实和自己想的完全不同,工作辛苦,压力很大,收入也不高,招聘时公司许下的种种承诺也没有兑现。万般无奈之下,小朱只好决定继续考研深造。

点评:大学生进入新单位之后,心理存在一定的落差是很正常的,需要时间来慢慢抚慰,这也是大学生适应社会的一部分。要相信是金子总会发光,当你发光的时候就会得到赏识和器重。现如今找到一份合适的工作并不容易,大学生应当充分认识不同种类不同性质的工作,不草率做决定。工作后首先应当考虑如何充实自己,等积累了一定的资历再做更好的选择也不迟。当然,当你发现跳槽后的新单位确实是一个"烂摊子",那么尽早退出也是一个好的选择。

——张震宇、周妍:《为你推开那扇门——大学生就业指导》,南京大学出版社,2014 年版

本章思考与讨论

1. 你的优势和劣势是什么? 如何克服自身劣势?

2. 你所规划的职业领域是什么? 该领域有什么特点?

3. 初入职场时,你需要注意什么?

本章学习日记

第四章

大学生就业素质修炼

- 了解职业素质的含义。
- 了解职业素质的类型。
- 提升职业素质，树立职业意识，塑造职业形象。

引导案例

找不到工作的博士生

一位在德国名牌大学留学的中国学生，虽然获得了博士学位，专业是热门的计算机软件设计，却在德国找不到工作。他每到一个企业应聘，主管看了他的材料都很满意，但一打开电脑查询他的信用记录，马上表示"很遗憾，我们不能用您"。原来这位博士生初到德国时，因经济紧张经常坐车"逃票"，因为德国的公交车不查票，只是偶尔有稽查员上车检查，被查到的概率很小。有一次实在不巧被查到了，在补交票款后被记下了证件号码，想不到从此有了"不良信用记录"，哪怕他学历再高、技术再精，也没有企业会用他。

【小组讨论】

1. 你认为职业素质包含哪些内容？
2. 你认为哪些职业素质在就业过程中是非常重要的？
3. 你个人具备哪些职业素质？需要提升哪些方面？

第一节　提高职业素质

职业素质是指劳动者在一定的生理和心理条件的基础上,通过教育、劳动实践和自我修养等途径而形成和发展起来的,在职业活动中发挥重要作用的内在基本品质。职业素质是劳动者对社会职业的了解与适应能力的一种综合体现,主要表现在职业兴趣、职业能力、职业个性及职业情况等方面。影响和制约职业素质的因素很多,主要包括:受教育程度、实践经验、社会环境、工作经历以及自身的一些基本情况(如身体状况等)。一般说来,劳动者能否顺利就业并取得成就,在很大程度上取决于本人的职业素质,职业素质越高的人,获得成功的机会就越多。

一、职业道德

职业道德是社会道德体系的重要组成部分。所谓职业道德,是指同人们的职业活动紧密联系的符合职业特点要求的心理意识、道德准则和行为规范。它既是从业人员在职业活动中的行为标准,也是对社会肩负的责任和义务。

职业道德是一般社会道德在职业生活中的具体体现。从业人员的职业道德水平直接决定了产品质量和服务质量的高低,产品质量和服务质量直接影响一个企业的信誉和发展。因此,员工具备良好的职业道德可以促进企业的发展与进步。德才兼备的人才会受到用人单位的欢迎,很多企业在招聘人员的时候,职业道德就是一条很重要的准入线。职业道德是入职者的立身之本、成功之源。

职业道德的基本要求主要体现在以下几方面。

(一)爱岗敬业

爱岗敬业是最基本的职业道德规范,是职业道德的核心和基础,是对从业人员的普遍要求。爱岗就是热爱自己的工作岗位和所从事的职业;敬业是对自己所从事工作的敬重,是严谨、恭敬、认真负责地对待自己职业的一种工作态度。爱岗敬业具体表现为强烈的责任心、热爱本职工作、精益求精。

(二)诚实守信

诚实,即忠诚老实,就是忠于事物的本来面貌,不隐瞒自己的真实思想,不掩饰自己的真实感情,不说谎,不作假,不为不可告人的目的而欺瞒别人。守信,就是讲信用,讲信誉,信守承诺,忠实于自己承担的义务,答应了别人的事一定要去做。对人以诚信,人不欺我;对事以诚信,事无不成。在职业素质中,诚实守信主要体现在忠诚于自己的公司、维护所在企业的荣誉、保守企业秘密等方面。

（三）办事公道

办事公道,就是指我们在办事情、处理问题时,要站在公正的立场上,对当事双方公平合理、不偏不倚,不论对谁都是按照一个标准办事。公道与公平、公正,含义大致相同,意指坚持原则,按照一定的社会标准实事求是地待人处事。办事公道要做到坚持真理、公私分明、公平公正、光明磊落。

（四）服务群众

服务群众,就是为人民群众服务,是社会全体从业者通过互相服务,促进社会发展、实现共同幸福。服务群众是一种现实的生活方式,也是职业道德要求的一个基本内容。服务群众是社会主义职业道德的核心,它是贯穿于社会共同职业道德之中的基本精神。

（五）奉献社会

奉献社会,就是积极自觉地为社会做贡献。这是社会主义职业道德的本质特征。奉献社会自始至终体现在爱岗敬业、诚实守信、办事公道和服务群众的各种要求之中。奉献社会并不意味着不要个人的正当利益,不要个人的幸福,恰恰相反,一个自觉奉献社会的人,才真正找到了个人幸福的支撑点,奉献和维护个人利益是辩证统一的。

二、职场有效沟通

沟通是人与人之间传递信息、传播思想、表达情感的过程,是一个人获得他人思想、情感、见解、价值观的一种途径,是人与人之间交往的一座桥梁。通过这座桥梁,人们可以分享彼此的情感和知识,消除误会,增进了解,达成共同认识或共同协议。

（一）职场有效沟通的方式

1. 有效倾听

倾听是沟通的第一步,只有正确接收对方发出的信息,才有进一步沟通的基础。提升职场沟通效果,从有效倾听开始。

(1) 集中注意力

倾听的时候,必须放下所有能分散注意力的工作,自然地看着对方,点头微笑并表示了解(并非认可)。只有很好地听取别人的内容,才能更好地帮助自己理解他人的想法和意见。

(2) 不要打断

专心是有效倾听的前提。别人说话,专心倾听的表现就是边听边想,思考别人表达的意思,记住要点。若开口打断了对方,可能让对方的思路出现中断,而自己又没有获取足够的信息,同时也易给对方造成不礼貌的印象。

(3) 注意表情和肢体语言

沟通时,自己就是对方的一面镜子,你对对方关心与否,直接反映在你在非文字语言信息的表达上。诚恳地倾听应该身体前倾,表达对对方的关注,表情应是专心、感兴趣的。倾听时,还需要注意对方的表情和肢体语言,它可传达出语言之外的更多信息。

(4) 清楚地听出对方要表达的重点

沟通中,并不是所有人都能清楚地表达自己。若语言水平不高,夹杂着不熟悉的方言或情绪激动,"语无伦次""词不达意"是常事。这时,要专心排除对方因说话方式带来的干扰,要准确抓到对方要表达的意思。

(5) 要保持诚恳的态度

倾听时要诚恳,若在对方没有表达完自己的意见和观点前,就说"好,我知道了""我明白了""我清楚了",这不是诚恳的表现,而是在告诉对方:"行了,别啰唆了。"诚恳地倾听,会让对方感觉到被尊重和认可,进而达到良好的沟通效果。

2. 信息的有效传达

有效沟通,期望对方能接受你的观点,这取决于你如何传达信息,你是否了解沟通对象的状况,以及你如何建构信息。

(1) 掌握说话的艺术

职场处处皆学问,如何说话更是其中的一个重要方面。职场有效沟通不仅要学会听,还要讲究"说"的技能。俗话说,"良言一句三冬暖,恶语伤人六月寒"。相同的一件事,选择不同的说话方式就会产生完全不一样的效果。"说话"是多种能力构成的综合能力,会不会说话是与个人知识储备、思维判断能力、语言感受力、观察应变能力和自我调节能力密切相关的。

（2）掌握要点

首先，要将传达的信息整理清楚。说话之前先要想清楚自己要让对方知道什么，然后把要表达的内容在心里整理得井然有序，再进行简洁明确的表述。其次，要做到浅显易懂。口头表达不同于书面语言，不仅要清楚，还要浅显易懂，使别人一听就明白，确保别人接收到和弄懂你想告诉他们的信息。再次，要做到言简意赅。说话不要啰嗦，力求言简意赅，错综复杂只会引起麻烦并且使沟通的效率下降。

（3）美化声音：使说话更具吸引力

声音是语言的物质外壳，是一种威力强大的媒介，通过它可以赢得别人的注意，能创造有益的氛围，并鼓励他们聆听。要相信，每一个人的声音，都拥有与生俱来的特色，即每个人都有最适合自己的一套"声音"。这套"声音"是你独有的，若能加强训练，练出独具魅力的"声音"，则能为你的说话内容增色许多。

① 口齿清晰。说话吐字清晰，表达流畅，注意尾音更要表达清楚。

② 音色优美。说话声音适中，嗓音圆润悦耳，给人以美感。

③ 语速适中。急缓适度的语速能吸引住听者的注意力，使人易于吸收信息。

④ 重音强调。重要的内容可适时适当地用重音来强调关键词语，以突出重点，加深印象。

（二）职场有效沟通的原则

1. 与上级的沟通

一是工作过程中要主动与上级沟通。因为你不主动沟通与反馈，上级不了解你对工作任务的理解程度、执行情况。他需要知道工作进展情况，尤其是在遇到突发状况或问题难以处理时。职场中，一件事交由自己处理，如何做、进展到什么程度、有没有做好、收到什么实效，这些问题永远不要等上级问你时才汇报。二是要少出问答题，上级与下级的区别之一就在于，上级要面对更多的情况，有更多的决策要做。因此在与上级沟通时，要多出选择题，而非问答题。出现问题时要一并提供问题解决的若干方案，以及每个方案的优缺点，供上级做决策时参考。

2. 与平级的沟通

平级即地位平等，工作开展最重要的就是协作。大家都喜欢并信服遇到困难时给予自己无私帮助的同事，不喜欢以自我为中心、颐指气使的人。还有就是要学会欣赏每个人身上的优点。发现了才能学习到，所以首先要学会欣赏他人。欣赏他人,才能发现他们在工作中的优点,让自己在学习中快速成长。同时也要学会以退为进,平级工作中,既有协作也有竞争,也许你的能力出类拔萃,取得成绩也多是自己的辛劳所得,但这时要学会谦虚,要感谢所有人对自己工作上的帮助。

3. 与下属的沟通

与下属的沟通要注意三点:一是要明确任务,将任务的数量、时间节点和具体要求交代清楚;二是要善于激励,每个岗位都有自己的价值,无论员工职位高低,只要在工作中得到了领导的认可,就会激发出更大的工作热情,因此要学会表扬;三是要学会尊重,由于领导权威的存在,下属对领导的态度比较敏感,若能从下属渴望认可的角度给予尊重,则会取得更好的沟通效果。

三、自我管理能力

自我管理能力是指个体对自己本身,对自己的目标、思想、心理和行为表现等进行的管理,自己把自己组织起来,自己管理自己,自己约束自己,自己激励自己,自己管理自己的事务,最终实现自我奋斗目标的一个过程。良好的自我管理能力,是事情顺利进行和个体潜能发挥的前提和基础。

(一)时间管理

时间管理(Time Management)是运用一系列原则、技巧、技术和工具,帮助人们有效率地运用时间资源获取更大的价值,实现目标,提高人们的生活质量。时间管理的方法主要有以下几种。

1. 时间"四象限"法

著名管理学家史蒂芬·柯维(Stephen R. Covey)提出了一个时间管理的理论,把工作按照重要和紧急两个不同的程度进行了划分,基本上可以分为四个"象限":既紧急又重要(如人事危机、客户投诉、即将到期的任务、财务危机等)、重要但不紧急(如建立人际关系、新的机会、人员培训、制定防范措施等)、紧急但不重要(如电话铃声、不速之客、行政检查、主管部门会议等)、既不紧急也不重要(如客套的闲谈、无聊的信件、个人的爱好等)。时间管理理论的一个重要观念是应有重点地把主要的精力和时间集中地放在处理那些重要但不紧急的工作上,这样可以做到未雨绸缪,防患于未然。

该时间管理方法如图 4-1 所示。

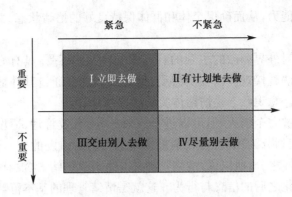

图 4-1 四象限时间管理法

紧急的事情当然是立即就做,而对不重要不紧急的事情不做,多做重要但不紧急的事情(因为这是第二象限,常常被称为第二象限工作法),对紧急但不重要的事情选择做。

2. 时间 ABC 分类法

将自己工作按轻重缓急分为:A(紧急、重要)、B(次要)、C(一般)三类;安排各项工作优先顺序,粗略估计各项工作时间和占用百分比;在工作中记录实际耗用时间;每日计划时间安排与耗用时间对比,分析时间运用效率;重新调整自己的时间安排,更有效地工作。

3. 考虑不确定性

在时间管理的过程中,还需应付意外的不确定性事件,因为计划没有变化快,需为意外事件留时间。有三个预防此类事件发生的方法:第一,为每件计划都留有多余的预备时间;第二,努力使自己在不留余地又饱受干扰的情况下,完成预计的工作——这并非不可能,事实上,工作快的人通常比慢吞吞的人做事精确些;第三,另准备一套应变计划。迫使自己在规定时间内完成工作,对自己的能力有信心,仔细分析将做的事,把它们分解成若干意境单元,这是正确迅速完成它们的必要步骤。

(二)情绪管理

1. 情绪管理的含义

情绪管理(Emotion Management)是指通过研究个体和群体对自身情绪和他人情绪的认识、协调、引导、互动和控制,充分挖掘和培植个体和群体的情绪智商、培养驾驭情绪的能力,从而确保个体和群体保持良好的情绪状态,并由此产生良好的管理效果。

情绪是个体对外界刺激的主观的有意识的体验和感受,具有心理和生理反应的特征。我们无法直接观测内在的感受,但是我们能够通过其外显的行为或生理变化来进行推断。意识状态是情绪体验的必要条件。

情绪不可能被完全消灭,但可以进行有效疏导、有效管理、适度控制。情绪也无好坏之分,一般划分为积极情绪、消极情绪。由情绪引发的行为则有好坏之分,行为的后果有好坏之分,所以说,情绪管理并非是消灭情绪,也没有必要消灭,而是疏导情绪并合理化之后的信念与行为。这就是情绪管理的基本范畴。

2. 情绪管理的基本形态

情绪管理最基本的形态有四种:拒绝、压抑、替代和升华。

(1) 拒绝

拒绝接受某些事实的存在。拒绝不是说不记得了,而是坚持某些事不是真实的,尽管所有证据都表明真实。例如,一名深爱丈夫的女子在丈夫死去后很久,仍然表现得好像他还活着,吃饭的时候仍然还留着位置,给他盛饭。拒绝是一种极端的情绪防御形式。一般人很难纠正她,因为在心理机能上,她是无法接受外界的帮助的。

(2) 压抑

压抑是一种积极的努力,自我通过这种努力,把那些威胁他的东西排除在意识之外,或使这些东西不能接近意识。和拒绝不同,压抑是一种强压,势必带来一些副作用。压抑在某种程度上是违背人的本性的。当然,也许只有人这种最高级的动物才有能力去压抑。提高修养在某种程度上就是进行自我压抑,是付出了人性的代价的。压抑是人在情绪管理中经常运用的,但如果不能进行有效疏导,过分压抑也是有害的。

(3) 替代

将冲动导入一个没有威胁性的目标物。在实际运用上,有一种表现形式就是迁怒。比如,今天你被领导批评了,如果你有下属,你很容易迁怒下属;如果你没有下属可以迁怒,势必会将这种情绪带回家,那么妻子或丈夫将成为不幸的对象,然后妻子或丈夫可能又会把它传给孩子,孩子去学校又会招惹其他孩子,你又会因为孩子闯祸被叫去学校,那时也许你还不明白原由。这就是一次迁怒的恶性循环。怎样找一个好的替代品也许是解决问题的关键,建立一种良性的替代形式,既可以使情绪得到有效管理,又不伤及无辜。

（4）升华

升华是唯一真正成功的情绪管理机制。升华是将可怕的无意识冲动转化为社会可接受行为的渠道。比如说，如果你把攻击性的冲动直接指向你想攻击的人，那么你将陷入困境。但是，把这些冲动升华为诸如拳击、足球比赛之类的活动，就可以被接受。拳击比赛之所以这么受欢迎，就在于它不仅仅让比赛选手的情绪得到了升华，也让观众的攻击性情绪得到了排解。

3. 情绪管理的方法

（1）心理暗示法

从心理学角度讲，暗示就是个人通过语言、形象、想象等方式，对自身施加影响的心理过程。这个概念最初由法国医师埃米尔·库埃（Emile Coue）于1920年提出，他的名言是"我每天在各方面都变得越来越好"。自我暗示分为积极自我暗示与消极自我暗示。积极自我暗示在不知不觉之中对自己的意志、心理以至生理状态产生好的影响，令人保持好心情、乐观情绪和自信心，从而调动人的内在因素，发挥主观能动性。心理学上所讲的"皮格马利翁效应"，也称期望效应，讲的就是积极的自我暗示。而消极的自我暗示会强化人们个性中的弱点，唤醒潜藏在心灵深处的自卑、怯懦、嫉妒等，从而影响情绪。

我们可以利用语言的指导和暗示作用，来调适和放松心理的紧张状态，使不良情绪得到缓解。心理学的实验表明，当人静坐时，默默地说"勃然大怒""暴跳如雷""火冒三丈"等语句时心跳会加剧，呼吸也会加快，仿佛真的发起怒来。相反，如果默念"喜笑颜开""兴高采烈""把人乐坏了"之类的语句，人的心里也会产生一种乐滋滋的体验。由此可见，言语活动既能唤起人们愉快的体验，也能唤起不愉快的体验；既能引起某种情绪反应，也能抑制某种情绪反应。因此，当我们在生活中遇到情绪问题时，我们应当充分利用语言的作用，用内部语言或书面语言对自身进行暗示，缓解不良情绪，保持心理平衡。比如默想或用笔在纸上写出下列词语："冷静""三思而后行""制怒""镇定"等。实践证明，这种暗示对人的不良情绪和行为有奇妙的影响和调控作用，既可以松弛过分紧张的情绪，又可以用来激励自己。

（2）注意力转移法

注意力转移法，就是把注意力从引起不良情绪反应的刺激情境转移到其他事物上或从事其他活动的自我调节方法。当出现情绪不佳的情况时，要把注意力转移到使自己感兴趣的事上去，如外出散步，看看电影、电视，读读书，打打球，下盘棋，找朋友聊天，换换环境等。这样有助于使情绪平静下来，在活动中寻找到新的快乐。这种方法,一方面中止了不良刺激源的作用,防止不良情绪的蔓延;另一方面,通过让人们参与新的活动,特别是自己感兴趣的活动,可以达到增进积极情绪体验的目的。

(3) 适度宣泄法

过分压抑只会使情绪困扰加重,而适度宣泄则可以把不良情绪释放出来,从而使紧张情绪得以缓解。因此,产生不良情绪时,最简单的办法就是"宣泄"。或是尽情地向至亲好友倾诉自己认为的不平和委屈等,一旦发泄完毕,心情也就随之平静下来;或是通过体育运动、劳动等方式来尽情发泄……必须指出,在采取宣泄法来调节自己的不良情绪时,必须增强自制力,要采取正确的方式,选择适当的场合和对象,以免引起意想不到的不良后果。

(4) 自我安慰法

当一个人遇有不幸或挫折时,为了避免精神上的痛苦或不安,可以找出一种合乎内心需要的理由来说明或辩解。比如为失败找一些理由用以安慰自己,或强调自己所有的东西都是好的以此冲淡内心的不安与痛苦。这种方法,对于帮助人们在大的挫折面前接受现实、保护自己,避免精神崩溃是很有益处的。因此,当人们遇到情绪问题时,经常用"胜败乃兵家常事""塞翁失马,焉知非福""坏事变好事"等俗语来进行自我安慰,这样可以摆脱烦恼,缓解矛盾冲突,消除焦虑、抑郁和失望,达到自我激励、总结经验、吸取教训之目的,有助于保持情绪的安宁和稳定。

(5) 交往调节法

某些不良情绪常常是由人际关系矛盾和人际交往障碍引起的。因此,当我们遇到不顺心、不如意的事,有了烦恼时,能主动地找亲朋好友交往、谈心,比一个人独处胡思乱想、自怨自艾要好得多。因此,在情绪不稳定的时候,找人谈一谈,具有缓和、抚慰、稳定情绪的作用。同时,人际交往还有助于交流思想、沟通情感,增强自己战胜不良情绪的信心和勇气,能更理智地对待不良情绪。

(6) 情绪升华法

升华是改变不为社会所接受的动机和欲望而使之符合社会规范和时代要求,是对消极情绪的一种高水平的宣泄,是将消极情感引导到对人、对己、对社会都有利的方向上。如一同学因失恋而痛苦万分,但他没有因此而消沉,而是把注意力转移到学习上,立志做生活的强者,证明自己的能力。

在上述方法都失效的情况下,仍不要灰心。在有条件的情况下,寻找心理医生进行咨询、倾诉,在心理医生的指导、帮助下,克服不良情绪。

四、团队合作能力

（一）团队合作的定义

团队合作（Team）指的是一群有能力、有信念的人在特定的团队中，为了一个共同的目标相互支持、合作奋斗的过程。它可以调动团队成员的所有资源和才智，并且会自动地驱除所有不和谐和不公正现象，同时会给予那些诚心、大公无私的奉献者适当的回报。如果团队合作是出于自觉自愿，它必将产生一股强大而且持久的力量。

（二）团队合作的要素

一个高效的团队必须具备一些显著的要素，而正是由于有了这些要素，一个群体组织才成为团队乃至高绩效团队。

一般来说，团队的要素有以下几个。

1. 共同的清晰的目标

团队的成员们有着共同的目标，并清晰地知道目标是什么。为完成共同目标，成员之间彼此合作，这是构成团队的基本条件。实际上正是这种共同的目标才决定了团队的性质。

团队的目标赋予团队一种高于团队成员个人总和的认同感。这种认同感为如何解决个人利益和团队利益的碰撞提供了有意义的标准，使一些威胁性的冲突有可能顺利地转变为建设性的冲突。也正因为有团队目标的存在，团队中的每个人才知道自己的坐标应该在哪儿，团队的坐标应该在哪儿。

2. 成员之间相互依赖

从行为心理上来说，成员之间在行为心理上相互作用，相互影响，与团队中的其他个体形成了一种默契。

3. 成员共有团队归属感

各成员具有团队意识，具有归属感，情感上有一种认同感，意识到"我是这一团队中的""我是这一群体中的一员"，每个人都会感到团队中有他人的陪伴是件乐事，团队成员彼此心态轻松、工作愉快。所以说，团队意识和归属感形成了团队牢不可破的精神基础。

4. 具有责任心

所有高效的团队，队员都要共同分担他们在达到共同目的过程中的责任。世界上没有任何一个团队中的成员是不承担责任的。如果大家都不承担责任,实现共同的目标无疑是一种"空中楼阁"。

5. 高效的领导者

团队要想取得高绩效,需要果敢、高效的领导者。高效的领导能让团队跟随自己共同度过最艰难的时期,能为团队指明前途方向。他们鼓舞团队成员的自信心,帮助他们更充分地了解自己的潜力。优秀的领导者不一定非得指示或控制,高效团队领导者往往担任的是教练和后盾的角色,对团队提供指导和支持。

(三)团队合作的原则

1. 平等友善

与同事相处的第一步便是平等。不管你是资深的老员工,还是新晋员工,都需要丢掉不平等的关系,无论是心存自大或心存自卑都是同事相处的大忌。同事之间相处具有相近性、长期性、固定性,彼此都有较全面深刻的了解。要特别注意的是,真诚相待,才可以赢得同事的信任。信任是联结同事间友谊的纽带,真诚是同事间相处共事的基础。即使你各方面都很优秀,即使你认为自己以一个人的力量就能解决眼前的工作,也不要显得太张狂。要知道还有以后,以后你并不一定能完成一切,还是平等友善地对待对方吧。

2. 善于交流

同在一个公司、办公室里工作,你与同事之间会存在某些差异,知识、能力、经历造成你们在对待和处理工作时,会产生不同的想法。交流是协调的开始,把自己的想法说出来,听对方的想法,你要经常说这样一句话:"你看这事该怎么办,我想听听你的看法。"

3. 谦虚谨慎

法国哲学家罗西法古曾说过:"如果你要得到仇人,就表现得比你的仇人优越;如果你要得到朋友,就要让你的朋友表现得比你优越。"当我们让朋友表现得比我们还优越时,他们就会有一种被肯定的感觉;但是当我们表现得比他们还优越时,他们就会产生一种自卑感,甚至对我们产生敌视情绪。因为谁都在自觉或不自觉地强烈维护着自己的形象和尊严。所以,要学会谦虚谨慎,只有这样,我们才会受到别人的欢迎。

4. 化解矛盾

一般而言,与同事有点小想法、小摩擦、小隔阂,是很正常的事。但千万不要让这种"小不快"演变成"大对立",甚至成为敌对关系。对别人的行动和成就表示真正的关心,是一种表达尊重与欣赏的方式,也是化敌为友的纽带。

5. 接受批评

从批评中寻找积极成分。如果同事对你的错误大加抨击,即使带有强烈的感情色彩,也不要与之争论不休,而是从积极方面来理解他的抨击。这样,不但对你改正错误有帮助,也避免了语言敌对场面的出现。

6. 创造能力

培养自己的创造能力,不要安于现状,试着发掘自己的潜力。一个有不凡表现的人,除了能保持与人合作以外,还需要他人乐意与自己合作。

总之,作为一名员工,应该做到坦诚而不轻率,谨慎而不拘泥,活泼而不轻浮,豪爽而不粗俗,和其他同事融洽相处,提高自己团队作战的能力。

五、创新能力

(一)什么是创新能力

创新能力一般是指运用知识和理论,在科学、艺术、技术等各项实践活动领域中提供具有经济价值、社会价值、生态价值的新思想、新理论和新发明的能力。

原国家劳动和社会保障部职业技能鉴定中心编制的《职业核心能力培训测评标准(试行)》中把"创新能力"定义为:从所有职业活动的工作能力中抽象出来、具有普遍适应性和可迁移的一种核心能力,它是在工作活动中,为改变事物现状,以创新思维和技法为主要手段,提出改进或革新的方案,以推动事物不断发展的能力,它是从事各种职业必备的一种社会和方法能力。创新能力包含学习能力、分析能力、想象能力、批判能力、创造能力、解决问题能力、实践能力等。

(二)创新能力的培养

1. 善于创新学习

(1)探索的精神

探索的精神包含强烈的求知欲和追根究底的好奇心。能提出问题,说明你在思考。在学习过程中,自己如果提不出问题,那才是最大的问题。像爱因斯坦说的那样:"我没有特别的天赋,只有强烈的好奇心。"

（2）怀疑的态度

不要认为被人验证过或人们都这样做、这样说的都是真理。许多科学家对旧知识、谬误的否定，无不自怀疑开始。怀疑是发自内在的创造潜能，它激发人们去钻研，去探索。不要迷信任何权威，应大胆地怀疑。这是我们创新的出发点。

（3）创新的欲望

如果没有强烈的追求创新欲望，那么无论怎样谦虚和好学，最终都是模仿或抄袭，只能在前人划定的圈子里周旋。要创新，我们就要坚持不懈地努力，要勇敢面对困难，有克服困难的决心，不要怕失败，要相信一点：失败乃成功之母。

（4）求异的思维

创新不是简单地模仿。要有创新精神和创新成果，必须要有求异的观念，不能"人云亦云"。求异实质上就是换个角度思考，从多个角度思考并将结果进行比较。求异者往往要比常人看问题更深刻、更全面。

（5）冒险的精神

创新实质上是一种冒险，因为否定人们习惯的旧思想可能会招致公众的反对。冒险不是那些危及生命和肢体安全的冒险，而是一种合理性冒险。大多数人都不会成为伟人，但我们至少要最大限度地挖掘自己的创新潜能。

（6）永不自满

一个有很多创新性思想的人如果就此停止，害怕去想另一种可能比这种思想更好的思想，或已习惯了一种成功的思想而不能产生新思想，那么这个人就会变得自满，停止创新。

2. 培育创新特质

青年大学生正处于人生最富创新能力的黄金时期。青年是社会发展最积极、最有生气的力量，他们具有活跃的思维能力，思想活跃、感觉敏锐、充满理想和幻想，表现出强烈的求新意识和创造精神，具备了创新的必要条件。因此，大学生要在平时学习、生活过程中注意锻炼自己的创新思维和创新能力，努力培养自己的创新意识和塑造自己的创新人格。

（1）树立创新意识

创新意识是属于人的一种抽象的意识形态或者说是观念。这种观念形态是一种求变、求精的精神，是一种勇敢探索和尝试的激情，是一种思考、发现问题、提出问题、力求解决问题的欲望。创新意识是创新思维与创新能力的前提，只有具有强烈的创新意识，才有可能产生创新动机，人的创造潜能才有可能得到施展。因此，大学生要自己解放自己，树立创新意识。

（2）培养创新思维

创新思维是一种思考方法，是一套创新办法。创新思维要求有积极的求异性、敏锐的观察力、创造性的想象、独特的知识结构以及活跃的灵感。创新思维能够解决不断出现的新问题，能够深刻、高水平地掌握新知识和运用知识，能够保障创新活动最终取得成功。创新思维要求具有丰富的想象力，丰富的想象力对于创新的实现非常重要。

（3）积累创新知识

创新是指在某一领域具有独到的见解或较深的造诣，具有扎实的基础和深厚的底蕴，不是完全来自纯粹的异想天开。创新知识是创新活动的坚实基石，是有源之水、有本之木、有米之炊。所以大家在平时的学习过程中，应该注重知识的积累。创新思维的运用和创新能力的发挥是基于扎实、广阔的知识积累和丰富的生活经验而形成的。

（4）塑造创新人格

创新人格主要是指形成创新意识、创新能力的有关人的心理、精神和意志等心理人格方面，或者说是一个人的情商方面的素质。具体来说，创新人格是指具有敢于怀疑、批判、冒险的科学精神，在挫折面前不气馁、不动摇，决不因困难和挫折放弃自己的想法和计划，勇于突破思维定式的束缚，品格方面有较强的独立性。大学生要着力培养自己的创新人格，使自己具有远大的理想、坚定的信念、务实的作风、无畏的胆识、坚强的意志和浓厚的兴趣。

3. 创新服务实践

现代社会离不开创新，因为无论是对一个社会还是对一个企业，创新都是唯一能够持续的竞争优势。正因为如此，几乎所有现代企业都把创新摆在企业发展的最核心位置。创新为实践服务，创新引导实践，实践支持创新。实践和创新缺一不可，只有那些善于将创新和实践结合起来的人才有可能获得最大的成功。

4. 开发创新潜能

大自然赋予我们每个人巨大的潜能，等待我们去发现、去开发。科学家发现，每个人的大脑皮层舒展开来，都在 2 500 平方厘米左右，每个人都有 140 亿个左右的脑细胞。最杰出的科学家，也只不过用了大脑资源的 1/10。大学生要培养自己的创新能力，就必须相信自己有巨大的潜能，并且信心百倍地进行开发，让自己的潜能得到淋漓尽致的发挥。

5. 勇于挑战自我

当今世界是一个飞速发展的世界,每个人都面临这样一个现实:如果止步不前,满足于现状,就丧失了创新能力,失去自己的立足之地,最终会被社会所淘汰。而创新是人类发展的源泉,要做到创新,就要不断地挑战自我,超越自我。一位哲学家说得好:"一个人缺少了挑战意识,他的生活永远得不到改善;一个社会缺少了挑战意识,这个社会永远不会前进。"作为当代的大学生,我们要勇于创新,挑战自我,超越自我,成就卓越人生。

第二节　增强职业意识

职业意识既影响个人的就业和择业方向,又影响整个社会的就业状况。职业意识由就业意识和择业意识构成。就业意识指人们对自己从事的工作和任职角色的看法;择业意识指人们对自己希望从事的职业的看法。

职业意识是人们对职业劳动的认识、评价、情感和态度等心理成分的综合反映,是支配和调控全部职业行为和职业活动的调节器。具体而言,它包括岗位责任意识、公平竞争意识、团结协作意识和法纪意识等方面。

一、岗位责任意识

(一)岗位责任意识的含义

岗位责任意识是对本职工作负责,忠于职守、尽职尽责的职业素养,这是职业意识的核心内容之一。一个职业劳动者工作是否做到 8 小时满负荷,工作中是否充分履行了自己职位的职责,在完成工作时是否已经尽了最大努力,这是衡量他有没有职业道德的最起码的标准。作为未来职业劳动者的大学生,必须牢固树立爱岗敬业、忠于职守的思想意识,忠诚地履行岗位责任,模范地执行岗位规范,坚守岗位,诚挚、专心地对待本职工作。

(二)岗位责任的基本要求

1. 适应岗位要求

每一个人都必须掌握岗位职责,钻研业务,提高岗位技能技巧,使自身的能力能够满足履行岗位职责的要求,并对从事的岗位工作做到熟练和精通。如果一个人不能适应岗位要求,岗位的职能就不能充分发挥,这样会给工作运行带来阻碍,给组织造成损失。

2. 坚守岗位

工作时间坚持到岗在位。上班迟到、早退,工作时间脱岗、串岗,都会影响工作的开展,有的甚至会酿成重大事故。串岗还影响他人的正常工作,干扰正常的工作秩序。

3. 尽职尽责

岗位就是责任。应当勇于承担责任,扎实干工作,尽职守,尽责任,真干事,干实事,解决实际问题。不要搞花架子,做表面文章,敷衍塞责;不要拈轻怕重,投机取巧;不要逃避职责,推卸责任。否则就是对事业的不忠,对责任的亵渎。

4. 讲究效率

要充分利用工作时间,提高工作效率。责任意识强的人,总是竭尽全力地工作,不断改进工作方式方法,提高工作效率,干好事、多干事。这样的人,总是能取得较大的工作成绩,受到领导的器重、同事的拥护,也使自己逐步走向优秀,走向卓越。

二、公平竞争意识

(一)公平竞争的含义

竞争是商品经济的必然产物,也是市场经济的共同现象。公平竞争是社会主义市场经济体制及其运行规则的必然要求,也是社会主义职业道德规范的一项重要内容。这一规范的基本含义是,个人在职业活动中要具有努力向上、永不自满、敢于冒尖、争为人先的精神,同时要求个人在职业实践中以信立业,以质取胜,公平、公止地开展竞争,反对不讲信誉、不正当竞争的作风和行为。所以,公平竞争意识就是指个人在职业活动中敢于竞争,并公开、平等、公正地进行竞争的思想观念。

(二)公平竞争意识的基本要求

1. 强化信用意识和守法意识

市场经济乃是信用经济,信用对完善市场经济具有重大作用。没有信用,就没有秩序,市场经济就不能健康发展,个人没有信誉也无以立身、立业。市场经济又是法治经济,我们的社会是法治社会,一切竞争行为必须遵守法律。

2. 光明磊落地追求个人进步

树立诚信意识、公平竞争的职业意识,要求个人在处理与同事、合作伙伴以及市场竞争对手的关系上,做到表里如一、互相信任、坦诚合作、勇于吃苦、不怕吃亏,竞争手段必须光明磊落,搬弄是非、设置陷阱、损人利己等不正当的竞争行为是为人们所不齿的。

3. 正确对待职业成就和职业荣誉

提倡诚实守信、公平竞争,就要正确看待别人超过自己,有动力发展自己,形成相互促进、共同提高、积极向上的人际关系,共同为社会、为国家的繁荣富强而积极进取,勇于竞争。必须坚决反对和制止互相拆台、尔虞我诈、打击毁谤、沽名钓誉等不正当竞争手段,因为这种做法有损于他人的利益,也有损于每个从业者自己的声誉和形象。

三、团结协作意识

(一)团结协作意识的含义

团结协作意识是指劳动者彼此之间以及协作单位之间要精诚团结、互助友爱、互相支持、密切协作,以共同做好工作,实现特定目标的职业素养。这是处理组织内部人与人之间、协作单位之间以及部分利益和整体利益之间、局部利益和全局利益之间相互关系的一条道德规范。为了向社会提供优质产品和优质服务,为了社会的进步和各项事业的发展,劳动者之间、协作单位之间,在职业活动中都需要互相支持,互相帮助,团结协作,顾全大局。团结协作意识不等于小团体意识,团结协作意识是以组织目标为最终归依,小团体意识是以团体人的好恶为归依,这两者是有本质区别的。

(二)团结协作意识的基本要求

1. 树立全局观念

现代生产是社会化大生产,各行各业既有分工,又有合作。而且社会化程度越高,分工就越细,合作也就越频繁密切。这样,每一位职业劳动者的言行都会对全局产生影响。因此,每一个从业人员都应该清楚地知道,自己是团队中的一分子,应当树立大局观念,自觉地把个人工作和组织目标联系在一起。

2. 做好本职工作

协作的前提是分工,做好本职工作是团结协作的基础。要按自己的岗位职责踏踏实实做好本职工作,最大限度地发挥自己的潜力。

3. 自觉维护团结

任何工作不能只讲分工而不讲协作,更不能因为分工不同而各自为政、互相推脱。每一名成员都应当从大局出发,自觉处理好上下级之间、同事之间的关系,团结互助,搞好合作,以实现组织目标。在一个组织中,只有每个成员在共同目标的基础上协调一致,才能发挥团队的整体威力,产生整体大于各部分之和的协同效应。如果成员之间推诿扯皮,各行其是,甚至互相拆台,那么工作就无法开展。

4. 热忱关心他人疾苦

团结协作、顾全大局不仅要求正确处理好个人与集体的关系,而且要求正确处理好个人与他人的关系。正确处理这一关系,要做到谦虚谨慎、不骄不躁,虚心学习别人的长处,弥补自己的不足,严于律己,宽以待人;工作中要多换位思考,理解他人,生活上也要关心、体谅他人的疾苦,这样才能形成良好的团结协作氛围。

四、法纪意识

(一)法纪意识的含义

随着社会主义法制建设的有效开展,法纪观念更加深入人心,人们的法纪意识越来越强。广义的法纪意识是关于法纪现象的思想观点和心理认知的总称;狭义的法纪意识就是遵纪守法的意识,指用国家法律和有关纪律约束自己,依法从事职业活动。我们在此所说的法纪意识是指狭义的法纪意识,包括市场经济法制意识、遵纪守法意识和依法纪办事意识等。

(二)法纪意识的基本要求

1. 学习法纪知识

认真学习法纪知识,充分了解中国特色社会主义法律体系,掌握我国宪法和基本法律的主要精神和内容,明确权利与义务、民主与法制、自由与纪律的辩证统一关系;学习掌握单位的劳动纪律,是树立法纪意识的必要条件。对法纪知识的学习,应当达到这样的程度:每个公民都要知道的基本法纪规范要"懂",对业务工作涉及的法纪规范要"通",对涉及本职岗位的法纪规范要"精"。要按这个原则,严格要求自己,切实提高法律知识水平。

2. 遵纪守法

遵纪守法是一个公民的立身之术、处世之本。作为一名职业人员,在职业活动中,必须以法律、纪律作为衡量尺度,规范自己的言行。遵守劳动时间,按时上下班;忠于职守,坚守岗位,认真履行岗位职责;严格执行操作规程、质量标准;服从管理,听从指挥。这些都是我们在职业活动中遵守法纪的基本要求和具体体现。

3. 维护和使用法纪

把法纪同职业活动实际紧密联系起来,用法律手段来解决工作中存在的问题。严格依照法纪处理各种职业关系,包括健全法纪,以法纪来规范职业活动、处理问题。如学校根据国家法律并结合自身实际,制定了一系列教学工作、学生工作的规章制度,并把有关学生的规章制度汇编成《学生手册》,使学校内部管理制度化,稳定了教学秩序,规范了教师、学生行为,使学校工作走上了正常化、规范化道路。作为个人,还要在职业活动中运用法纪分析问题、解决问题,同时也要提高依法自护能力和依法斗争能力,用法纪保护自身利益。

第三节　塑造职业形象

职业形象是指在职场中树立的印象,具体包括外在形象、品德修养、专业能力和知识结构这四大方面。一个人的职业形象通过他的衣着打扮、言谈举止等反映出来,体现他的专业态度、技术水平和品行修养等。

一、职业形象的构成

(一)行业或组织形象

行业或组织形象是一个规范化的运作系统,也是一种潜在的文化氛围。

1. 行业文化

行业文化是一个行业内的从业人员在长期工作过程中所形成的行业价值观念、准则、规范、道德、传统、习惯、礼仪等,是一个行业成文或不成文的各项规定。

2. 组织文化

一个组织的文化是由多个要素构成的,这些要素在不同程度上影响组织文化的建设与发展。起决定性作用的主要有共同价值观、行为规范、形象与形象性活动这三个要素。

(二)个体的精神面貌

1. 职业理想

职业理想是人生理想的一个组成部分,是指人们在社会分工的前提下,选择什么样的具体职业以及希望达到何种职业成就,从而实现自己对人生目标的追求。

2. 职业道德

职业道德是一种社会行为规范,是社会道德在特定的职业活动中的具体化,是人们在长期的劳动实践中,在行业或组织的工作中,逐渐训练、养成的一种具有一定约束力的行为方式和传统习惯。

3. 职业信念

职业信念是一个行业、一个组织或一个人对自己所从事的事业的确定、自信的看法。

(三)个体的仪表形象

1. 职业素质

职业素质主要由职业精神和职业能力两方面组成。职业精神,包括敬业精神、社会责任、职业责任、专业意识、创新意识、协作意识、规范意识等;职业能力,包含职业基本能力、专业技术能力、职业发展能力等。

2. 职业气质

职业气质的形成,是一个人在长期的职业生活中历练的结果,是从业人员个人内在的、长远的、深层次的职业形象。

3. 职业仪表

职业仪表在一个人的职业交往中有着非常重要的作用,人们通过你的职业仪表,可以判断你的身份和地位、你的能力和素质以及你对所从事职业的态度。

二、职业形象对事业发展的影响

在职场中,我们必须尊重职场规则,注重建立职业权威及可信度和影响力。

(一)职业形象和个人职业发展有着密切的关系

职业形象影响个人发展,个人的人性特征是通过第一印象表现出来的,这种表现不仅展示个人的形象,而且也代表着企业的形象。企业的形象就是品牌的标志,凝聚着企业的文化、经营理念等。不良的形象将带给他人难忘的不良印象。形象是一个人的内在修养和外在特征的综合体现,在自身的修炼过程中,要正确认知形象,理解形象的内涵,认知形象的作用,注重个人形象的塑造,树立完美的个人形象。

1. 职业形象影响个人业绩

良好的形象能展示个人的自尊、品位、自信、尊重他人等特点,好的形象容易获得他人的好感,便于和他人沟通、协商、合作。因此注重个人形象是提升综合素质的重要方面,也能为个人职场发展奠定良好的基础。

2. 职业形象影响个人晋升

得体的言行举止、独特的职业形象是个人的名片,阳光、勤奋、严谨、精神饱满的工作状态,是获得上司的认可或晋升的重要因素。

(二)良好的职业形象对职业生涯的影响

良好的职业形象包括很多方面,如衣着、谈吐、举止等。一个良好的职业形象能够为你踏入职场大大加分,也会为你的整个职业生涯增加众多的助力!如果你是应届大学生或者是在校大学生,一定要进行相关知识的学习,职业形象不是一蹴而就的,需要持续地积累和历练。

1. 良好的职业形象是成功的基础

从职业选择上设计好职业规划,从自己的职业需要、职业兴趣、职业价值观出发,结合自己的素质特点,在校期间进行职业角色设计、培养良好的职业心理、职业适应能力,按照职业的需求去学习、工作、行动,形成符合自己特点的职业心理。根据自己的能力、气质、性格和兴趣去选择、从事、适应一定的职业,打造属于自己的职业形象。

2. 良好的职业形象是个人品位的再现

从文化素质和道德提升做起,有文化才能淡定自若,博学才能知大礼。加强个人品德修养,提升品位、格调,拓展格局,加强自我修炼,男士要做谦谦君子,女士应当优雅大方、秀外慧中。把无形的内心世界,通过有形的外在举止表现出来,达到内外的有机融合,才能真正获得认可。作为职场人,就要将做人的理念深植内心,具有宽广的胸怀、坚毅的意志、谦逊的品质,从知识中获得启迪,从文化中吸收养分,在工作中展示职业品位。

3. 良好的职业形象也是个人良好教养的体现

教养体现细节,内强素质、外塑形象,是每一个职业人的必修课,更是一个企业文化的象征。表情自然,笑容可掬,彬彬有礼,是维护企业良好形象的表现,也是良好教养的体现。做一个有教养的人就要从学习掌握基本礼仪行为规范开始,纠正自己不良的行为,养成讲文明、有礼貌的良好习惯,加强谈吐、举止、修养等各方面的修炼,全面提升内在素质,培养内外兼治的礼仪行为,以文化积累与处世原则来熏陶,逐渐形成具有大方端庄的仪态、得体优雅的行为等良好的个人风度。

三、个人形象塑造的基础

(一)以个人行为为支点

个人礼仪是对每一位社会成员自身行为的种种规定,而不是对任何社会组织或其他组织群体行为的限定。但是每个群体都是由一定数量的个体所组成的,每一个社会组织也都是由一定数量的组织成员所构成的。从表面看,个人礼仪好像只涉及个人的穿着打扮、举手投足之类的小节小事,但小节之处显精神,举止言谈见文化。个人礼仪作为一种社会文化,不仅事关个人,而且事关全局。因此,个人行为的良好与否将直接影响任一群体、社会组织乃整个社会的生存与发展。从此意义上看,强调个人礼仪,规范个人行为,不仅是为了提高个人自身的内在涵养,更是为了促进社会发展的有序与文明。

（二）以个人修养为基础

个人礼仪不是简单的个人行为表现，而是个人的公共道德修养在社会活动中的体现，它反映的是一个人内在的品格与文化修养。若缺乏内在的修养，个人也就不可能自觉遵守并且自愿执行相关礼仪对个人行为的具体规定。只有"诚于中"，才会"行于外"，因此个人礼仪必须以个人修养为基础。

（三）以尊敬他人为原则

在社会活动中，讲究个人礼仪，自觉按个人礼仪的诸项规定行事，必须奉行尊敬他人的原则。"敬人者，人恒敬之"，只有尊敬别人，才能赢得别人的尊敬。个人礼仪不仅体现了人与人之间的相互尊重和友好合作，而且还可以避免或缓解某些不必要的个人或群体的冲突。

（四）以追求美好为目标

按照个人礼仪的文明礼貌要求来规范行为，是为了更好地塑造个人形象，更充分地展现个人精神风貌。个人礼仪教会人们识别美丑，帮助人们明辨是非，引导人们走向文明，它能使个人形象日臻完善，使人们的生活日趋美好。

（五）以持之以恒为方针

个人礼仪的确会给人们以美好，给社会以文明，但所有这一切，都不可能立竿见影，也不是一日之功所能即的，正所谓"冰冻三尺，非一日之寒"。个人礼仪知识的学习与实践必须经过个人长期不懈的努力。因此对个人礼仪规范的掌握，切不可急于求成，更不能有急功近利的思想，要以持之以恒为方针。

四、塑造个人形象的标准

个人及社会个体以个人礼仪修养的各项具体规定为标准，努力克服自身不良的行为习惯，不断完善自我的行为活动。从根本上讲，个人礼仪修养就是要求人们通过自身的努力把良好的礼仪规范标准化作为个人的一种自觉自愿的能力行为。当人们接触一个人之后，常常会给他一些评语："这个人素质高，有风度""这个人有教养"，或者"这个人太差劲，连句话都不会说""这个人俗不可耐，太邋遢"……

那么一个素质高、有教养的人，应该是什么样呢？简单地说，有以下五个标准。

（一）和善亲切

对人要和善亲切、彬彬有礼、不冷淡、不粗野、不放荡,更不可有暴虐的表现,要从内心去爱、去关心、去帮助别人。要仁慈温柔,不单对自己的家人要有爱心,对其他人也应有"爱人知己"的精神。温柔并非女性所独有的品德,它不是柔弱或毫无主张、任人摆布的,而是对别人不急躁、不粗鲁、不固执。要做到对人是平和的,处事是从容的。

（二）谦虚随和

古人说:"满招损,谦受益。"谦虚是受人欢迎的良好态度,社交场合中任何自豪情绪的流露都会成为通向成功之路的障碍。在社交场合切记不可因帮助过他人而自我夸奖,特别是对方或对方的至亲好友在场时,不应因自己比他人多一点知识或者拥有一技之长而沾沾自喜,不应自认为比别人略高一筹就狂妄自大,否则会让别人避而远之。

（三）理解宽容

理解是情感交流的基础,也是建立友谊的桥梁。理解的对象既包括他人的行为习惯,又包括他人的情绪情感、立场观点及态度,甚至还包括自己所不喜欢的人的言行。理解往往是朋友之间珍贵的帮助和支持,生活中、工作中有人和自己看法不一致,或者伤了自己的面子、侵犯了自己的利益,只要无伤大雅,都应适当地给予宽容理解。

（四）热情诚恳

对待他人,应该热情诚恳,切忌虚假、过分的热情。应该掌握热情的尺度,否则会使他人陷入一种十分别扭而又不知如何是好的境地。诚恳不是口是心非,无论说什么做什么必须真诚、真心诚意、出自真心,帮助别人需要诚心诚意,不带有目的性。

（五）诚实守信

一个人能够在社会上立足,靠的是信用,现代社会节奏的加快和生活内容的多样化给人们的时间观念提出了更高的要求。参加各种活动要守时,不论什么原因,迟到都是失礼的。不能如约履行要事先通知,让人久等是对朋友的怠慢。无故失约、失信，会使个人形象在他人心目中黯然失色，对别人的要求应根据自己的能力和实际情况给予答复，切不可妄开"空头支票"。

五、塑造个人形象的方式

良好的个人礼仪、规范的处事行为并非与生俱来的，也并非一日之功，要靠后天的不懈努力和精心教化才能逐渐形成。因此，可以说个人礼仪是使文明的行为标准真正成为个人的一种自觉、自然的行为，是一个渐变的过程，而完成这种变化，则需要从以下三个方面努力。

（一）个人原动力是培养个人礼仪的坚实基础

个人原动力，也称个人主观能动性，它是人的行为和思想发生变化的根本条件，也是提高自身素质、形成良好礼仪风范的基本前提。作为社会个体，每个人只有首先具备了勇于战胜自我、不断完善自身的思想意识，才能发挥自己的主观能动性，才可能在行动中表现出较强的自律性，自觉克服自身的不良行为习惯，自觉抵御外来的失礼行为。与此同时，还要努力学习，不断进取，真正成为拥有优良品质的一个人。所以说，个人礼仪的形成需要个人原动力，需要个人的自律精神。

（二）教育推动力是培养个人礼仪的根本条件

中国历来尚"礼"，也极为重视礼仪教化。历代君主、圣贤均把礼仪视作评价准绳，认为一切应以礼为治，以理为教。关于个人礼仪与社会文明的问题，先人也有过不少的论述。《论语·为政》中说："道之以政，齐之以刑，民免而无耻；道之以德，齐之以礼，有耻且格。"其大意是，用政令引导他们，并用刑罚整顿他们，老百姓想的是如何免于罪过而没有廉耻之心；用道德引导他们，以礼教整顿他们，老百姓不但有廉耻之心，而且人心归服。

（三）环境影响力是培养个人礼仪的外在因素

一般来说，个人礼仪的形成具有约束力较强的道德力量，使每一位社会成员能够自觉地按照社会文明的要求，规范行为、唾弃陋习，最终将自己的言行纳入符合时代之礼的轨道以顺应社会的发展。

六、在职场中加强个人礼仪修养的作用

如果说个人礼仪的形成和培养需要靠多方的努力才能实现,那么个人礼仪修养的提高则关键在于自己。强调个人礼仪修养有着极为重要的现实意义,具体表现在以下几点。

(一)加强个人礼仪修养,有助于提高个人素质,体现自身价值

美丽的面容、矫健的身姿、华丽的服饰等都是表面的东西,是一个人的外在美,只有将内在美与外在美统一于一身,人才能更具教养和风度。加强个人礼仪修养是实现统一的最佳方法,它可以丰富人的内涵,增加人的"含金量",从而提高自身内在实力,使人们面对复杂的社会时,更具勇气,更有信心,进而能够更充分地实现自我。

(二)加强个人礼仪修养,有助于增进人际交往,营造和谐气氛

古人云:"世事洞明皆学问,人情练达即文章。"这句话讲的就是交际的重要性。作为社会中的一员,人们每天都少不了与他人交往,假如不能很好地与他人相处,那么在生活中和事业上就会寸步难行,甚至一事无成。加强个人礼仪修养,处处注重礼仪,不仅可以使人在社会交往活动中充满自信、胸有成竹、处变不惊,而且可以向交往对象表达自己的尊重、敬佩、友好与善意,增进彼此之间的了解与信任,营造和谐友善的交际氛围。

(三)加强个人礼仪修养是国民素质的体现和国家文明的标志

人与社会密不可分,社会是由个人组成的,文明的社会需要文明的成员一起共建,文明的成员则必须要用文明的思想来武装,要靠文明的观念来教化。个人礼仪修养的加强,可以使每位社会成员进一步强化文明意识,端正自身行为,在一定程度上反映其所在组织的良好精神面貌,从而促进整个国家和全民族总体文明程度的提高,加快社会的发展。

▌翻转课堂▐

1. 将学生分成小组,6—8人一组,每个组指定组长,由组长带领组员拟定一个工作岗位进行模拟面试。

2. 每组由 2—3 名学生扮演面试官的角色,将工作岗位要求提炼出来,并以招聘海报的形式进行发布。

3. 其余 4—5 名学生以求职者的角色应聘,其间要求充分展示个人具备的职业素质,由面试官进行提问,对求职者面试过程中展示的职业素质进行点评和总结。

4. 面试结束后,由组长从本组面试活动的求职者中选出一位职业素质相对全面的组员,并加以介绍。

5. 所有小组展示完成后,教师进行总结,从每组活动的组织、过程、总结等各个环节,围绕职业素质能力进行点评指导,并给予有针对性的建议。

助力成长

挫折训练营

一、了解你的挫折反应

你想知道自己是否正在经历挫折,是否已经出现挫折反应吗? 请你根据自己的情况对下面这些描述进行评价。每个问题后面有五个选项供你选择,分别代表不同的程度("根本没有",1分;"较少",2分;"中等",3分;"较多",4分;"非常多",5分)。完成后,请根据下面提供给你的计分方法和解释说明对自己的挫折水平进行判断。

序号	情景描述	根本没有	较少	中等	较多	非常多
1.	原本十分感兴趣的事物也无法提起我的兴致。					
2.	有一种想要破坏的冲动。					
3.	总是想"要是能够离开这里该多好"。					
4.	非常敏感,老是觉得别人在讽刺自己。					
5.	没有安全感,总担心自己会失去什么。					
6.	看什么都不顺眼,总是在批评和抱怨。					
7.	不能专心致志地做事情,也不能安心休息。					
8.	患得患失,不能够自信地说与做。					
9.	变得十分依赖,渴望被保护。					
10.	心绪不宁,好发脾气或者想哭。					

【分析方法】

请将各题目分数相加,得分在10—25分,表明你目前的状态基本稳定,能够掌握自己的生活节奏;得分在26—35分的,说明你有一些小麻烦,但尚能够应付;得分在36—50分的,说明你正在被一些事情困扰,有比较明显的挫折体验,需要老师给予具体指导,及时地加以调整。

二、了解你的挫折承受力

请根据自己的情况对下面的描述做出选择,符合自己的选"是",与自己不吻合的选"否"。

1. 胜利就是一切。　　　　　　　　　　　　　　　　　　是　　否

2. 我基本上算是个幸运儿。　　　　　　　　　　　　　　是　　否

3. 白天学习不顺利,会影响我整个晚上的心情。　　　　　是　　否

4. 一个连续两年都排名最后的球队,应该退出比赛。　　　是　　否

5. 我喜欢雨天,因为雨后空气清新。　　　　　　　　　　是　　否

6. 如果某人擅自动我的东西,我会很生气。　　　　　　　是　　否

7. 汽车经过时溅了我一身泥水,我气一会儿就算了。　　　是　　否

8. 只要我继续努力,就会得到回报。　　　　　　　　　　是　　否

9. 如果有流感,我常常会被感染。　　　　　　　　　　　是　　否

10. 如果不是因为几次霉运,我一定比现在好得多。　　　　是　　否

11. 失败并不可耻。　　　　　　　　　　　　　　　　　　是　　否

12. 我是很有自信的人。　　　　　　　　　　　　　　　　是　　否

13. 落在最后,常叫人提不起劲头。　　　　　　　　　　　是　　否

14. 我喜欢冒险。　　　　　　　　　　　　　　　　　　　是　　否

15. 假期过后,我常常不能马上进入工作状态。　　　　　　是　　否

16. 遭遇到的每一次否定都会使我更接近肯定。　　　　　　是　　否

17. 我想我一定受不了被解雇的羞辱。　　　　　　　　　　是　　否

18. 如果向我所爱的人求婚被拒绝,我一定会崩溃。　　　　是　　否

19. 过去的错误,我总是难以忘怀。　　　　　　　　　　　是　　否

20. 在我的生活中,常常有些令人沮丧气馁的日子。　　　　是　　否

21. 负债累累,让我心焦。　　　　　　　　　　　　　　　是　　否

22. 我觉得要建立新的人际关系非常容易。　　　　　　　　是　　否

23. 我星期一很难专心工作。　　　　　　　　　　　　　　是　　否

24. 在我的生命中已经有过失败的教训。　　　　　　　　　是　　否

25. 我对别人的轻视很敏感。　　　　　　　　　　　　　是　　否

26. 如果应聘失败,我会继续尝试。　　　　　　　　　　　是　　否

27. 掉了东西,我会整星期不安。　　　　　　　　　　　　是　　否

28. 我已经达到能够不再介意大多数事情的境界。　　　　　是　　否

29. 想到可能无法按时完成某项重要任务,会让我寝食难安。　是　　否

30. 我很少为昨天发生的事情而烦恼。　　　　　　　　　　是　　否

31. 我很少心灰意冷。　　　　　　　　　　　　　　　　　是　　否

32. 必须要有50%以上的把握,我才会做某件事情。　　　　是　　否

33. 命运对我不公平。　　　　　　　　　　　　　　　　　是　　否

34. 我对他人的恨意会持续很久。　　　　　　　　　　　　是　　否

35. 聪明的人知道什么时候该放弃。　　　　　　　　　　　是　　否

36. 偶尔做个失败者,我也能接受。　　　　　　　　　　　是　　否

37. 新闻报道中的大灾难,会让我心神不宁。　　　　　　　是　　否

38. 任何否定和阻碍,都会让我生出报复之心。　　　　　　是　　否

【计分方法】

凡是奇数项题目(1,3,5……)选"是"计0分,选"否"计1分;偶数项题目(2,4,6……)正好相反,选"是"计1分,选"否"计0分。得分越高,表示应对挫折和压力的能力越强。分数在0—18分,说明你需要好好地加强自己的耐挫能力;得分在19—29分,说明你已经具备了一定的挫折承受力,但尚不足以应对大的挫折打击,所以还要加油;得分超过30分,说明你已经对挫折做好了心理准备,那么还等什么,赶快行动吧,去迎接生活的挑战。

本章思考与讨论

1. 职业素质包括哪些方面?

2. 你个人具备什么样的职业素质? 有哪些方面需要提升?

3. 如何确立自己的职业意识?

4. 你认为职业形象重要吗? 你个人有哪些地方需要培养?

本章学习日记

第五章

就业材料准备

本章学习目标

- 了解什么是求职信,并能够实际运用。
- 制作一份个人求职简历。
- 了解当前大学生就业的相关规定与政策,掌握就业信息的获取途径,提高信息收集与处理的能力和效率。

引导案例

赢在最初

江苏某大学毕业生宿舍里,小明在电脑前不停查看各种招聘网站的信息。他正根据自己的专业和兴趣选择就业岗位。虽然还是春末时节,却有大滴大滴的汗珠从他的额头滚落。不同的是,他邻床的小亮已成竹在胸,手中早早就握着几个单位的就业意向,从国企到一些有影响力的民营企业都有。虽然也为选择去哪家单位有些烦恼,但小亮整个人的心情还是十分愉快的。

是什么让同一个专业、同一个宿舍的他们在就业的重要时刻却面临不同的境地呢?经过走访,我们发现是因为他们的就业信息获取方式不一样。

小明的做法是到处搜索网站上的招聘信息,一会儿看这个,一会儿又看那个,而小亮的做法则更加明确。小亮说:"我觉得自己能够在就业上获得主动,手中掌握几个工作意向,主要是因为我选择到了合适的渠道去寻找信息。我认为社会上的很多人才网站虽然也会提供很多岗位,一些岗位还很不错,但并不一定适合自己,尤其是像我们这样的普通院校的毕业生。因此,我就只是认真地在学校大学生就业创业指导服务中心提供的就业信息以及相关链接中寻找信息。通过这种方式,我很快得到了适合我的、用人单位也愿意接收我的就业机会。"

【小组讨论】

1. 如何获取就业信息? 通过哪些途径获取就业信息更适合我们?
2. 大学毕业生需要做哪些就业准备工作?

第一节　写好一封求职信

求职信是求职人向用人单位介绍自己情况以求录用的专用性文书。求职信起到毛遂自荐的作用,好的求职信可以拉近求职者与人事主管的距离,甚至有助于求职者顺利闯过求职的第一关;而一封水平不高的求职信,可能会让求职者失去机会。

一、求职信的格式与内容

求职信是一种正式的书信文件,具备书信的基本格式。一般来说,一份完整的求职信包括标题、称谓、正文、致敬、落款、日期、附件等部分。

(一) 标题

求职信的标题通常只有文种名称,即在第一行中间写上"求职信"三个字。

(二) 称谓

称谓是对收信人的称呼,写在第一行,要顶格写收信者的单位名称或个人姓名。求职信不同于一般私人书信,写信人与收信人未曾见过面,所以称谓要恰当,郑重其事。单位名称后可加"负责同志";个人姓名后可加"先生""女士""同志"等。

在称谓后写冒号,很多还会写上"您好"之类的问候语,但问候语应该另起一段。

(三) 正文

正文要另起一行,空两格开始写求职信的内容。正文是求职信的重点,内容较多,但也要简洁且有针对性,分段写。

第一,写求职的原因。首先,简要介绍求职者的自然情况,如姓名、年龄、性别等;接着,要直截了当地说明从何渠道得到有关信息以及写此信的目的。这段是正文的开端,也是求职的开始,介绍有关情况要简明扼要,对自己所求的职务,态度要明朗。同时为了使阅信人有兴趣将信读下去,因此开头还要有吸引力。

第二,写对所谋求的职务的看法,并对自己的能力做出客观公允的评价,这是求职的关键。自身的应聘条件是求职信中最核心的部分,必须特别重视。一定要参照用人单位的招聘要求,着重介绍自己应聘的有利条件,要特别突出自己的优势和"闪光点"来使对方信服。写这段内容,语言要中肯,恰到好处;态度要谦虚诚恳,不卑不亢,达到见信如见其人的效果,进而使阅信人相信求职者有能力胜任此项工作。这段文字要有说服力。

第三,进一步表明自己未来的行动和求职的愿望。在求职信中不仅要向阅信人说明自己的过去和现在,更要说明自己的未来,说明自己是有培养价值和发展潜力的,并表达希望得到答复、前往面试的愿望。这段属于求职信正文内容的收尾阶段,要适可而止,不能啰唆,不要苛求对方。最好还要礼貌地加上简短的表达美好祝愿之词。

(四)致敬与落款

一般在正文结束后,在下一行空两格的位置写上"此致"二字,再在下一行顶格书写"敬礼"二字即可。在致敬语右下方签署求职者的姓名与成文日期。姓名前面不必加任何谦称的限定语,以免有阿谀之感,或让对方轻看你的能力;成文日期要年、月、日俱全。

(五)附件

有说服力的附件是对求职者的鉴定的凭证,所以求职信的附件是不可忽视的组成部分。

附件可在信的结尾处注明,如:附件1.×××,2.×××,3.×××……然后将附件的复印件单独订在一起,随信寄出。附件不需太多,但必须有分量,足以证明你的才华和能力。

二、写求职信的礼仪技巧

(一)称呼要准确

求职信往往是首次交往,求职者未必熟悉用人单位有关人员的姓名,所以在求职信中可以直接称职务或头衔,如"上海煤气总公司负责人""国发公司经理""北京配件厂厂长"等。求职信的目的在于求职,带有"私"事公办的意味,因而称呼要求严肃谨慎,不可过分亲昵,以免给人以"套近乎"或者阿谀、唐突之嫌。当然礼貌性的致辞还是可以适当使用的。

（二）问候要真诚

无论是经常通信还是素昧平生,信的开头都应有问候语。向对方问候一声,是必不可少的礼仪。问候语可长可短,即使短到"您好"二字,也能体现出写信人的一片真诚,而不是"应景文章"。问候要切合双方关系,交浅不宜言深,以简捷、自然为宜。

（三）祝颂要热诚

书信的最后,要署上写信人的名字和写信日期。为表示礼貌,给用人单位领导写信,可在名字之前加上"求职者"。名字之下,还可以选用适当的礼告敬辞,如对尊长,在署名后应加"叩上""敬亲""叩禀""拜上""敬启""肃上"等;对平辈,在署名后加"敬白""谨启""敬上""拜启"等。

三、写求职信的几个误区

（一）求职信千篇一律,没有突出自身特点

求职者经常会把自己的求职信"一稿多投"。在我们跟许多公司人事经理的交谈中,发现他们经常抱怨收到的求职信中,很多开头都写得一样,如"尊敬的×××:您好!我在×××看到贵公司的招聘信息,十分感兴趣……"在阅人无数的人事经理眼中,这种乏味的称呼和开头显示出一种对于公司不了解和没有兴趣的态度。让他们更为头痛的是,在很多求职信当中,懒惰的求职者们不会去针对每一个公司和具体的招聘职位要求来介绍自己的能力和经验。比如很多人不论是应聘网络公司的测试工程师还是业务员,都一律将自己的全部经历搬到求职信上,使人事经理们无从下手去寻找公司招聘职位所看重的能力和相关经验。

（二）求职信成为简历的"复本"

求职信不是简历的复写,写求职信是为了吸引人事经理能够继续阅读你的简

历。从求职者的角度来说,如果是简单地复制简历的内容,事实上丧失了一个更好地介绍自己和弥补简历中未能展现的能力的机会;从阅读求职信的人事经理的角度来讲,看到这样一封求职信,根本不会留下任何深刻的印象,甚至可能因为内容的重复,根本不会详细阅读求职者的简历就直接送入碎纸机。可见,一封简历复写版的求职信不能使求职者和人事经理之间得到更好的沟通,反而成为求职的绊脚石。

(三)过分强调自己能够胜任该项工作

所谓过分,正如《论语·先进》中说的"过犹不及",这个多见于很多已经有工作经验或者 MBA 学位的求职者的求职信中。想象一下,当你应聘的部门主管收到一封应聘分析员的求职信时,发现信中强调的却是"五年以上的项目经理"工作经验,他的第一反应不会是你如何优秀,而是你对于他的职位如何的危险,或者你过高水准的经验可能证明你不可能在应聘职位上为公司工作很久。

第二节　制作专属的个人简历

个人简历是对求职者的情况、经历的记载和陈述,是求职者生活、学习、工作、经历、成绩的概括。一般简历无固定格式,但应真实地反映出求职者的基本情况。写好个人简历非常重要,一份适合职位要求、内容翔实和排版整齐的简历可以有效地帮助获得与聘用单位面试的机会。

毕业生个人简历的形式是灵活多样的,目前较为流行的是言简意赅、制作成本相对较低的单页简历,但多页简历等其他形式也未被完全取代。

一、个人简历的主要内容

一份完整的简历一般包括以下几个方面的内容。

(一)个人基本情况

个人的基本情况主要包括姓名、性别、出生年月、政治面貌、学校、专业、联系方式等内容,最好再附上自己的证件照。

（二）教育背景

对于一名刚刚毕业的大学生来说，工作经历有限，受教育情况就显得尤为重要。制作简历时，可以把这一部分放在主要内容的开头，以突出自己的优势。内容主要包括所就读的学校、所学专业、核心课程、所获学位、所获荣誉等。

（三）实习、实践经历

此处应作为个人简历的核心内容。应根据个人工作情况的不同，重点突出工作的具体内容与经历，尤其是与求职目标相关的经历。对于刚毕业的大学生来说，可以将在学校所学的课程、担任过的职务、参加过的社会实践活动及活动中自己的作用等一一列举，即使是校内外实习、兼职打工等也不应遗漏，招聘者会从中发现你的能力与特长。一定要写出自己最主要、最有说服力的工作经历以及为公司获取的利润、相关成绩，用词坚定有力，最好附上具体的证明材料。

（四）兴趣特长、求职意向、自我评价

这一部分可向用人单位展现自己具备的素质与能力，但注意要与求职目标相关，否则容易弄巧成拙。求职意向和自我评价要简练到位，表明自己想做什么，能为单位创造什么价值等。

二、制作个人简历的原则与技巧

（一）制作个人简历的原则

1. 真实性

这是个人简历最首要、最基本的要求，指真实地填写自己的各项信息，不能杜撰个人能力和经历。诚实地记录和描述，能够使阅读者首先对你产生信任感，而企业对于求职者最基本的要求就是诚实，诚实的品格对于刚走上社会的应届毕业生来说尤其重要。不要试图编造不存在的工作经历或成绩，多数谎言都会被用人单位阅历丰富的人事经理识破，面试时还容易遮遮掩掩或者夸大其词，令人反感。所以与其费尽心机，不如老老实实，只要有真才实学，机会总会来的。

同时，在不违背真实性原则的基础上也可稍做变通。比如有的同学在得知某企业的招聘信息后，明知自己还欠缺部分该岗位所要求的知识结构，但是可以通过

自学获得,于是在简历中先行填写这一部分,投送简历以后再努力学习——这样并不违背简历的真实性原则,也是可以借鉴的。真实性原则基础上的变通,都必须在个人的可控范围之内,若是属他人或外在条件控制的,就不可以随意乱写。

2. 简明性

简明性原则通常也被称为"10 秒钟原则",指一份简历的阅读时间为十秒,所以简历的内容一定要言简意赅、简洁明了,保证阅读者可以在 10 秒之内通读完毕。一般情况下,单页简历的长度应以一张 A4 纸为限;简历越长,被用人单位认真阅读的可能性就越小。同时,简历的排版也要清晰美观,因为版面设计是先于内容展示在用人单位眼前的真正的"第一印象"。制作简历要条理清楚,标识明显,段落不要过长,字体大小适中,排版端庄美观,不要太花哨。

3. 针对性

撰写简历一定要目标明确,有针对性。对于不同的企业、不同的职位、不同的要求,同学们有必要事先进行具体分析,然后有针对性地具体制作,而不是面对任何行业、任何职位都投递同样内容的简历,这样会使用人单位感到求职者的不认真、不重视,应聘当然不会成功。同学们应根据企业和职位的要求,在简历中恰当地突出自己与职位相关的技能优势,描述具体,给用人单位留下鲜明深刻的印象。

（二）制作个人简历的技巧

学历无法设计,而简历可以。经过设计,你可以把简历做成比学历更好的职场"敲门砖"。总之,你的简历应该做到 8 个字——独特、契合、简练、美观。

1. 独特

吸引关注需要的时间不到一秒,所以你的简历在形式上必须与众不同。另外,你必须把你独特的卖点清楚地表达出来,同时尽可能不要简单套用简历模板,或者说模板简历。

2. 契合

洞悉用人单位的需求,突出展示自己身上最契合该需求的经历、经验、能力或者其他属性。用人单位每天会收到无数简历,如果想吸引他们的注意,就要强化自己的优势。强烈建议我们事先研究用人单位的特殊性,有针对性地准备简历,巧妙突出自己的优势,这一部分当是整份简历的点睛之处,需要大家深思熟虑,不落俗套而又有说服力。总之,千万不要一份简历百家投。

3. 简练

激起兴趣需要的时间是 3—60 秒,所以你的简历必须高度简练,必须保证招聘者可以在 3—8 秒内看到亮点。事实证明,用人单位根本没有时间理会长篇累牍的心路历程,他们要的就是大家学历和实干能力的证明,而且越简单、一语中的,越受到他们的欢迎。因此,在制作简历时也要注意扬长避短,有所取舍,并不是经历越多越复杂的就越好。

4. 美观

简历需要一定的设计感,请务必在排版和色彩上花点功夫。简历要让用人单位看着舒服! 除了第一印象之外,这也是一种细节上的功夫。用人单位通常相信,能够把简历做得让人看着舒服的人,一般是一个做事用心的人。

第三节 制订求职行动计划

制订具体的求职行动计划,包括正确评价自我,设定求职目标企业;制订简历设计与制作计划、简历投递计划、简历投递后续行动计划、面试计划、面试后续行动计划等。

一、正确评价自我,设定求职目标企业

所谓正确评价自我,制定合理目标,就是客观评价自己的能力、学历、经验和需求,在此基础上合理确定自己的行业目标、岗位目标和薪资目标。切忌自以为是和妄自菲薄,切忌盲目攀比,切忌被兴趣绑架。

案例

目标 A:我要找到一个本专业领域(心理学)不错的工作。

目标 B:我要在毕业前三个月签下一份北京或老家的心理咨询助理的工作。这份工作主要通过亲友、老师、同学及主动上门方式获得。企业类型不限。工作可以为我提供一个最基本的生活需求(工资 3 000 元以上),可以用到我的专业知识,可以帮我在专业领域有所成长。

设立目标不是一件很简单的故事,需要遵循一定的指导原则。SMART 法则是人们根据美国马里兰大学管理学兼心理学教授洛克的目标设置理论在实践中总

结和发展出来的关于目标确立的有效指导原则。SMART 由 5 个英文单词的首字母构成，分别是：

S(Specific)：具体的，明确的，不能含糊不清。

M(Measurable)：可以量化的，能够明确评估。

A(Attainable)：可以实现的，实现意味着行动。

R(Relevant)：和其他目标具有相关性。

T(Time-bound)：有明确时间限制的。

设定求职目标，首先，要有初级、中级、高级这种明确的目标层次，例如你选择的初级目标是做一个销售员；其次，至少要在岗位或专业要求、薪酬、工作环境、个人发展等方面有定性和定量要求；再次，要有实现目标的时间要求，例如实现目标的时间要求是"3 个月内找到工作，3 年内工作相对稳定"；最后，要有实现目标基本手段，例如选择实现目标的基本手段是到外地就业、靠个人努力。

个人求职目标定位和策略对于求职成功至关重要，对于日后个人职业生涯的顺利发展也具有重要影响，许多人一出校门，就连连碰壁，导致一错再错，都是因为在这个最根本的问题上出了偏差。因此，为自己制定目标定位和策略一定要反复论证，慎之又慎！

二、简历设计与制作计划

通过教材和互联网的帮助，我们可以轻而易举地找到自己需要的信息，简历制作也不例外。可通过这种方式制作出来的简历，真的不用担心吗？每年都有数百万的大学生一起找工作，只有打造出独一无二的个人简历，才能让雇主记住，进而产生想要面试你的冲动。所以我们需要为简历的设计与制作制订计划。

一般人在制作简历前，会想"我有什么可写"，但优秀简历的制作需要你明白"谁在看简历"。首先，我们要明确，简历是做给用人单位看的，如果简历内容都是用人单位想看到的，那还有什么理由拒绝你？

优秀简历的制作需要揣摩用人单位的心理，他们会关注求职者是否适合招聘职位。所以，若想做出让用人单位满意的简历，需要：一是进行充分的职业探索；二是对意向职位的职业胜任条件与资格了然于胸；三是在求职前储备或提升相应的能力。所谓"磨刀不误砍柴工"，想要制作优秀简历，在职业探索上投入时间和精力是必不可少的。

制作优秀简历前，还需要考虑清楚"我想做什么"。"我想做什么"，在简历中的体现是"求职意向"。它看似简单，只有一个职位名称，甚至被许多初学简历制作的人遗漏。事实上，"求职意向"决定了优秀简历制作的题眼，它是基于职业探索进行决策并储备相应职业胜任的结果。

接下来，就该思考"我有什么"。这就需要列出详细证据证明自己适合这一个职位，具体就是：你的教育背景是否可以证明你的知识胜任？（教育背景）你是否可以通过能力实施的情境来证明自己的能力胜任？在校内、校外是否参加或经历过学术、学生活动和职业、社会实践？（校内外实践经历）你是否获得过一些奖项或具备一些用人单位看重的职业资质来证明自己知识、能力水平的高低？（奖项、技能证书）在上述经历中，你如何评价自己的性格是否胜任？（自我评价）这些是简历的主体部分，在具体撰写时，需要把握三个要点：一是时刻围绕职业胜任；二是结合实际，表达不落俗套，让用人单位觉得独一无二；三是用规范的表达、职业所需的专业术语对经历进行打磨。

拓展阅读

制作简历的误区

误区一：七成求职者迷茫于简历中什么最重要

简历最主要的目的是针对应聘职位，把求职者的专业技能和优势用最直接、最快的方式展现给面试官，实习经历是简历中不可缺少的一部分，但并非全部。用人单位筛选简历时采取的是综合考评，而大部分应届生却忽略了整体的重要性。调查数据显示：简历中的基本信息、自我评价、求职意向以及教育背景的重要性所占的比例分别达到 54%、46%、50% 和 38%。

专家指出，简历中其实没有重点版块之分，每一项内容都需要认真填写，如何能把无形的事实客观表达出来，能让面试官信服才是关键。比如说简历中采用的语言是不是理性的、客观的，介绍的内容是不是围绕应聘职位而来，你的职业规划以及未来发展的方向是否清晰等都是展现简历亮点的要素。

误区二：54% 的应届生认为自我评价需要介绍专业技能和优势

调查数据显示，对于简历中的自我评价部分 55% 的应届生认为需要介绍专业技能和职业优势，有 23% 的人认为需要进行个人性格介绍，有 11% 的人认为应该填写一些教育经历，还有 7% 的人选择了填写一份完整的求职信。

专家表示，自我评价中需要求职者进行自我鉴定，用精炼的语言表达出能力达到怎样的水平，专业水平的宽度和深度掌握到了哪个阶段，应聘期望职位的资本是什么。企业面试官要依据以上内容来权衡求职者与岗位之间的匹配度,看应聘者能否达到岗位的需求,满足企业发展的要求。

误区三:近四成求职者介绍实习经历时忽略岗位需求

有40％的被调查者认为,实习经历中更多地要表现个人的魅力、人际交往能力、团队合作能力以及在校期间参加的校园活动,用大量的文字进行描述,反而忽略了岗位的需求。60％的应届生认为介绍实习经历时需要围绕应聘职位描述自身胜任岗位需求的理由,以此来争取一对一面试的机会。

专家建议,求职者要明确简历的目的是争取就业机会,在介绍实习经历时,除了介绍实习期间主要负责的工作以外,更多的是介绍你在实习期间获得成长以及能力上的提高,全部要围绕你所应聘的职位。

误区四:近73％的被调查者错误地介绍教育背景

调查数据显示,44％的人认为需要介绍专业培养的目标和就业方向,还有25％的人认为需要用自己的语言介绍对本专业的理解,只有27％的应届生认为教育背景中应该主要介绍所学专业的主要课程。

专家表示,大家对教育背景存在很大的误解,对于过去的学习经历唯一可以借鉴的就是通过在校期间学习什么样的专业课程,让你有所进步和提高,用求学阶段的表现以及获得的奖励来证明。其实,介绍教育背景很简单,面试官只想了解你学习过哪些课程,你掌握到什么程度,你的学习能力有多强而已,所以只需要清楚介绍你的专业课以及表现即可。

——应届毕业生网,2017 年 7 月 17 日

三、简历投递计划

投递简历之前要梳理好以下几个方面的内容。

(一)准备在哪里投简历

弄清楚哪里有线下招聘会,有哪些招聘会值得你参加,把它们列出来,并安排好时间表。另外,有哪些好的线上招聘平台,也都列出来,例如前程无忧、智联招聘、拉勾网、BOSS 直聘、58 同城、赶集网等,还可关注目标就业城市人社局的人才网站等。

(二)准备用什么方式或工具投简历

用人单位接收简历,倾向于实体和网络两种方式。实体投递简历,一般会出

现在招聘会或与用人单位直接接触的场合。实体投递前,需要详细了解用人单位提供的职位及招聘要求,思考自己是否适合该职位。精准且高效的投递,建立在知己知彼的基础上。网络投递简历,一般是按用人单位要求进行网络申请或将简历发送至其提供的电子邮箱。网申前,需要对用人单位的组织文化、制度及招聘岗位了然于胸。在填写具体内容时,需要注意细节,认真对待用人单位要求填写的每部分内容,避免出现文字和标点符号的错漏。一般而言,优秀雇主的网络申请在线填写要花一到两个小时,对此要有充足的心理准备。通过电子邮件接收简历,有的用人单位会规定电子邮件发送的具体要求,这个时候他们对求职者职业胜任的考察就已经开始了,若不以他们要求的方式处理,自己的简历很有可能就会被拖入回收站。此外,互联网也是把双刃剑,通过网络投递简历,尤其要注意个人的信息安全。还有一些特别的做法也可以尝试:一是微信或 QQ 投递(如果能加上人事经理的微信或 QQ 的话);二是熟人转交;三是快递投递。

(三)投多少简历

投递简历时,不少毕业生怕错失机会而盲目海投简历。其实,这样不仅会影响自身的求职热情,还会因求职目标不明确而导致求职失败。毕业生在投递简历时,首先要为自身设定好较为清晰的求职方向,有目的地投递简历;其次,可以列出一张简历投递明细表,记录下每次申请的公司名称、职位类型、投递简历时间等,随时根据后续结果进行跟踪,并总结自己每次的求职经验和教训;最后,在投递简历前,适时翻阅相关信息,做好充分准备,切不可盲目填写相关内容。

四、简历投递后续计划

简历投递,是与社会、职业接触、磨合的过程。投递完后,务必做好记录(尤其是实体投递)。有相当一部分毕业生对投递了简历的用人单位不做记录,以至于接到面试通知时一脸茫然,甚至电话里对单位一无所知,这都会形成不良的求职印象。在简历投递的过程中,你可能会发现一些重要信息是原来的简历所疏漏的,需要及时更新。

一些同学认为把简历投递完后就没有事了,睡觉、打游戏、逛街、看电影等,完全被动地等用人单位通知。等了一段时间后,发现没有通知,再紧张起来,进行新一轮的简历投递,然后又不再关注了。对于重点求职目标,绝对不能被动地等他们通知,要主动去追踪。

五、面试计划

面试是求职择业的必经环节,也是求职择业成功与否的决定性环节。面试中存在很多不确定因素,是整个求职过程中最为丰富的环节,也是最能发挥出自我真正实力的环节。面试具有互动性强、直观性好、考察面广、与实际联系紧密等特点。

(一)面试的内容

1. 专业知识

通过面对面的交流,面试官可以实际了解应聘者掌握的专业知识的广度和深度,判断其专业知识水平是否符合岗位的需求和标准。

2. 经验能力

面试官一般会根据应聘者的简历进行相关提问,进一步了解应聘者的有关背景和以往的工作经历,求证其是否具备相应的能力。

3. 表达能力

面试主要采取交流的形式,这样可以考察应聘者是否可以将自己的思想、观点、建议等流畅地表达出来,重点考察应聘者表达的逻辑性和准确性。

4. 综合应变能力

面试中将考察应聘者能否对面试官提出的问题充分理解、抓住重点,并透彻分析、条理清楚,回答是否迅速,对突发问题是否能反应敏捷、回答恰当,对于意外事件是否能妥善处理等。通过不同的面试形式,面试官往往还可以看出应聘者在人际交往、团队合作等方面的能力。

5. 工作态度和求职动机

面试通过了解应聘者以往的学习、工作历程,以及一些情境问题,来了解应聘者的工作态度、情绪稳定性和进取心;遇到批评和压力或与个人利益有冲突的时候,是否能理智对待或克服容忍,是否具有耐心和韧劲,以及在工作中的追求是什么,为什么选择本单位。

6. 仪表

面试官通常还会注意观察应聘者的仪表,即外貌、气质、衣着、言谈举止、精神状态等,所以不能忽视这些细节。

（二）面试的方式

1. 问题式面试

由招聘者对毕业生提出事先准备好的问题，请毕业生回答。其目的在于观察毕业生在特殊环境中的表现，以判断其解决问题的能力。

2. 模式化面试

由招聘者根据预先准备好的问题，一一向毕业生发问。其目的是捕捉毕业生更多、更全面的材料和细节。

3. 压力式面试

由招聘者有意识地对毕业生施加压力，针对某一问题或某一事件做一连串的发问，问细节、问详情，穷问不舍，直至毕业生无法问答。其目的是观察毕业生在突发压力下的反应速度、机智程度和应变能力。

4. 自由式面试

招聘者与毕业生海阔天空、漫无边际地交谈，气氛轻松活跃，引导毕业生自由发表言论。其目的是观察毕业生在正常状态时的谈吐、举止、知识、能力、气质和风度，对其做全方位的综合素质考察。

5. 情景式面试

由招聘者事先设定一个情景，提出一个问题或一项计划，请毕业生进入角色模拟完成。其目的在于考核毕业生分析问题、解决问题的能力。

6. 综合式面试

由招聘者通过多种方式考核毕业生的综合能力和素质，如用外语与毕业生交谈，以考察其外语水平；或要求毕业生即兴写一篇文章，以考察其文字能力；或要求毕业生即兴做一次演讲，以考察其口头表达能力等。

7. 无领导小组面试

这是一种采用情景模拟的方式对考生进行的集体面试，考官可以通过考生在给定情景下应对危机、处理紧急事件以及与他人合作的状况来判断该考生是否符合岗位需要。

8. 电话面试

当招聘者面对较多简历无法一一面试的时候，会先通过电话面试来筛选求职者,短则 5 分钟,长的会有 20—30 分钟,取决于招聘者对求职者的判断。在整个电话面试过程中,求职者应保持自信,语速适中,态度表现职业化,这无疑是成功的关键。

9. 视频面试

这是指用人单位与求职者足不出户,利用连通了互联网的电脑,通过视频摄像头和耳麦,用语音、视频、文字等方式进行即时沟通交流的招聘面试行为。

另外,除了上述常见的面试方式外,还有一种通过招聘实习生当作面试的方式。从近年的求职趋势来看,一些企业会在每年 5 月招聘实习生,并把其安排在相应的岗位上工作一段时间,其目的是全程观察实习生的综合能力和各方面的素质。部分表现好的实习生就会被纳入企业当年招聘的录用名单。

实际面试过程中,招聘者可能会采取一种或多种面试方式,建议毕业生在正式面试前对各种方式分别做好准备,以备不时之需。

(三) 面试的准备

俗话说"不打无准备之仗",现在所有的人事经理都强调,求职面试者一定要有备而来。面试的准备工作主要包括心理准备、资料准备和礼仪准备。

1. 心理准备

面试前要保持良好的心态,这关系到求职者能否正常发挥出应有的水平。紧张的心态会抑制思维的活跃性,而放松平静的心态会稳定思绪,从而正常发挥,甚至还会激发创造性,使自己的思维更加敏捷。特别是对于稚气未脱、刚刚走上社会的毕业生来说,面试时切忌伪装和掩饰,一定要展现自己真正的实力和性格,尤其要注意保持放松的心态,不要总想着面试结果。但保持平静并不等于被动拘谨,应聘者要学会充分展示自己,既不要因学校里的良好表现而过于自信,也不要因为自己没有工作经验而过于自卑。保持平和的心态,将自己的优势充分展现出来,你就已经完成了面试的任务。

2. 资料准备

求职者要在面试前充分了解用人单位的情况,做任何事都应该有的放矢,否则难以达到预期目的。在面试的过程中,应试者往往是被动的,难以正确而全面地把握面试官提出的问题。如果只是把精力集中在猜测面试官要问的问题上,那就容易出现言不对路的情况。所以应试者要对用人单位的有关情况加深了解,这些情况包括单位性质、业务范围、企业文化等。对用人单位有了一个较为具体的了解后，应试者就能做到心中有数，对于面试官提出的问题，也不会觉得难以应对了。

具体应该提前准备好的相关材料包括：一是少而精的证书。大学生参加面试一定要带上身份证、学生证、就业推荐表、协议书、各种证书及成果的原件和复印件等。准备证书并不是越多越好，而是越精越好，最好带上与应聘岗位相关的证书与复印件，如果有专业的上岗资格证书就更好了。证书的复印件最好带两套以上，以备需要。二是随手记录所需的便笺本和笔。面试时，往往需要记录一些必要的东西，带上它们肯定会对你有所帮助。三是一份简历。一般来说，收你简历的人和面试你的人往往不一定是同一个人；参加面试的人很多，简历容易混淆；面试官有时候也会向你要简历，来看你办事情是否周到细心；有的单位面试前还会让求职者当场填写单位提供的应聘表格，如果你有一份简历在手，填起再多的内容来也会更快更完善。

3. 礼仪准备

礼仪准备主要包括仪容装束和行为举止。

一个人的装束反映出他的审美观，也反映出他的职业态度。所谓合适的仪容穿着，一般要和所应聘公司相契合。对于应届毕业生来说，着装不强调西装革履，但一定要整洁干净，特别是要穿着舒适、自然大方。

行为举止上要落落大方，稳重谦虚。具体来说，面试时坐姿应该稍微前倾，表现出愿意倾听的特质；面试结束时，也应该主动询问后续流程，更能代表自己有追踪进度的好习惯。应该时刻保持微笑，对视面试官的眼睛，一定不要怯场。从这些行为中无意透露出的讯息，远胜千言万语。轮到你面试时，除了自信大方地走进考场外，最好还能够礼貌地与负责面试的人事经理微笑打招呼，面试结束后也应该对其的辛苦劳动表示感谢，这不仅体现了应聘者的礼貌举止，还能加深人事经理对你的良好印象，从而提高自己面试成功的可能性。

六、面试后续行动计划

（一）回顾总结

面试一结束，应该对自己在面试时遇到的难题进行回顾。重新考虑一下，如果他们再一次向你提问，该如何更好地回答这些问题。

尽量把你参加面试的所有细节记下。一定要记下面试时与你交谈的人的名字和职位。

万一通知你落选了，你也应该虚心地向招聘者请教你有哪些欠缺，这样就可以知道自己到底为什么落选，以便今后改进。

（二）面试后致谢

在面试结束后的一两天内，你可以给某个具体负责人写一封短信或电子邮件，在信里应该感谢他为你所花费的时间和精力，感谢他为你提供的各种信息。

如果在一周内，或者依据招聘者做决策所需的一段合理时间之内没有得到任何音讯，你可以给负责人打个电话，问他是否已经做出决定了。这个电话可以表示出你的兴趣和热情，还可以从他的口气中听出你是否有希望得到这份工作。如果在打听情况时觉察出自己有希望中选，但最后决定尚未做出，那你过段时间再打一次电话试试。

（三）总结面试未成功的原因

若你自己储备了职业胜任能力，并彻底研究了组织、掌握了科学的面试技巧，却仍然没有得到工作，原因很可能就在一些细节上。在面试中，一些不经意的细节很可能轻易地否决你，无论你在其他方面多么出色。比如你可能过分紧张或缺少自信，你的价值观可能与面试官不合拍，你在简历和面试上可能存在不诚实的行为，你可能有些势利或懒惰，甚至是你的一些生活习惯让外表失了分……面试中的细节问题涉及有效沟通，你需要通过阅读和沟通有关内容来思考。

第四节　就业信息的获取

就业信息指与自己选择职业和就业岗位有关的消息和情况。获取就业信息是大学生进行求职的基础准备，就业信息数量的多少、质量的高低、使用的效率等都直接关系到求职的结果。就业信息在毕业生求职就业过程中起到十分重要的作用，是毕业生求职择业的基础，是通向用人单位的桥梁，是择业决策的重要依据，更是顺利就业的可靠保证。

在现代社会，就业竞争在一定程度上可以看作拥有信息能力的竞争。大学生求职，不仅取决于社会、政治、经济等因素，或者毕业生个人的学历、专业、能力等，还取决于毕业生能否获取有效的就业信息。

一、就业信息的内容

从求职者的角度来看,就业信息大体可以分为社会宏观信息和用人单位信息两类。

(一)社会宏观信息

就业是民生之本,与社会息息相关。社会宏观就业信息是求职者确定职业方向、选择就业岗位的重要参考,主要包括以下几方面内容。

1. 就业形势

掌握就业形势是至关重要的,毕业生需要根据就业形势来确定自己的就业目标。就业形势一般包括以下几个方面:国内外经济发展总体情况及趋势;本届毕业生就业市场总体形势、供需比例与结构;所选城市或地区的经济情况、对人才的吸纳水平和人才市场的供求行情;所选行业及领域的发展状况。

2. 就业政策

第一,了解国家就业方针、原则和政策及相关的就业法律法规。它是毕业生就业的出发点和归宿,是不能违背的。求职者只能在国家就业方针、原则和政策所规定的范围内,根据个人情况选择职业。第二,了解地方的就业政策。如各县、(市)区招聘教师的政策、人事代理政策、落户政策等。全面了解这些地方就业政策,不仅可以保证求职者顺利就业,还可以适当地向用人单位争取最大利益。

3. 市场需求

劳动力市场对各类劳动者的需求是不断变化的,不论是总体就业形势较为严峻还是较为缓和,市场对不同类别、不同层次、不同素质的劳动者总有不同的需求。求职者一定要用动态的眼光观察就业领域,捕捉适合自己的就业机会。

4. 其他相关信息

比如跨国公司的就业信息;新兴行业的有关信息;有关报考国家公务员、研究生的信息;团中央、教育部、财政部、人事部发起的"大学生志愿服务西部计划"等新闻信息;毕业生参军信息;毕业生自主创业信息等。

(二)用人单位信息

求职者初步选择了就业单位,必须了解用人单位的相关情况,以此清楚自己在此单位发展和晋升的前景，主要包括：

（1）用人单位基本情况，包括用人单位的准确名称、所有制性质、隶属关系，以及生产经营状况、发展前景等。

（2）需求岗位的工作条件，包括工作地点、工作环境、工作场所、工作职责、工作时间等。

（3）招聘的具体要求，包括年龄、性别、学历、专业、职业资格、身体素质，以及各类岗位的招聘人数等。

（4）招聘单位的薪酬待遇，包括工资、奖金、福利，以及医疗、养老、工伤等社会保险待遇。

（5）报名与联系办法，包括报名的时间、地点、方式、应准备的证件和材料，以及联系电话、通信地址、电子邮箱和邮政编码等。

二、就业信息的特点

一般来说，就业信息主要有四个显著特点。

（一）社会性

就业信息具有社会性，从内容上分，就业信息分为宏观和微观两种信息。宏观信息是指毕业生就业的总体形势、社会对人才需求、就业政策、就业活动等；微观信息是指具体的招聘信息，如需求单位性质、单位的特色、专业要求、行业现状及发展前景、岗位描述、用人单位福利待遇等。就业信息一经公开发布即为人共享，在求职者之间相互传递。

（二）时效性

就业信息受国家政治、经济形势的影响，也受所在地区、行业形势变化的影响，具有一定的时效期限，过了期限，效用就会减少，甚至丧失。因此，毕业生首先要充分认识自己，然后根据自己的专业、特长、能力、性格等方面的综合因素收集有效信息，筛除对自己无用的信息。

（三）识别性

信息时代下，就业信息庞杂、五花八门，就业信息既有真假之别，又有积极与消极之分。有极少数以营利为目的的中介机构会用一些过时的或虚假的信息吸引毕业生或想兼职的学生,尤其要注意识别一些如诱使学生误入传销圈套之类的"陷阱"性信息,求职者必须学会识别虚假的就业信息,避免掉入就业陷阱。

(四)流动性

就业信息按发布渠道可以分为书面就业信息、网络媒体就业信息和口头及行为就业信息。书面的就业信息是指由书面材料获取的信息;媒体信息是指通过各种正式公开发行、发布的媒介载体如企业官网、微信公众号等获取信息;口头及行为信息是指通过信息传递人的话语、面部表情和肢体语言获取的信息。不论是哪种就业信息,均处于流动和传递状态,需要人为地扩散和传播,才能到达求职者的手中。

三、就业信息的获取途径

(一)学校毕业生就业工作部门

学校毕业生就业工作部门指毕业生就业办公室或就业指导中心,是学校常设的、专门负责毕业生就业工作的机构。基于长期处理大学生的毕业就业工作,该机构一直同国家和地方各主管部门以及社会各界保持广泛而密切的联系,因此获得的信息的针对性、准确性和可靠性都很强,并有很强的指导性,是毕业生获取就业信息的主要途径。同时,由于学校接触到的所有信息都是用人单位针对学校情况设置而来的,因此适用性、可信性也较高。目前,各高校毕业生就业工作的职能部门大多开始转变观念,以市场为导向,以服务为宗旨,在公布信息、提供咨询、就业指导等方面都做了大量工作,也取得了显著成效。毕业生要主动依靠、充分利用学校就业信息网络的丰富资源,获取有价值的信息。

(二)各级政府教育主管部门和公共就业服务机构

毕业生就业工作是教育部主抓的一项重要工作,县级以上的教育和人事部门都是负责毕业生就业的管理机构或指导部门。这些部门制定辖区的毕业生就业政策,定期搜集所在地用人单位的需求信息,经过整理后,通过多种渠道发布出去,为毕业生就业提供各种咨询和服务,这些信息几乎涵盖了当地各行业的需求信息,因此地域性很强。政府部门在获得就业信息上也具有自身优势,发布的信息准确可靠,更新及时,受到社会各界普遍重视。

（三）各地人才市场和就业招聘会

各级地方政府除设立专门的毕业生就业人才市场外，还设立了毕业生就业指导机构，定期组织人才交流会。同时，各地各部门还在毕业生就业的高峰期举办各种类型、各种层次的毕业生双选会，由于这些双选会是专门针对毕业生组织的，毕业生和用人单位都有较强的目的性，因此获得成功的可能性比较大。特别是学校举办的毕业生双选会和招聘会，专业更对口，针对性更强，毕业生要高度重视，利用好这个机会，搜集大量有效的就业信息。

（四）社会实践和实习

实习是大学生专业理论知识应用于实践、加强对理论知识的理解和进一步提高理论水平的过程，实习单位一般都是专业对口单位。通过实习，大学生可以比较深入地了解单位各方面的信息，同时单位对大学生也有所了解。每年通过实习落实工作的毕业生也有相当可观的数量。同时，通过实习，大学生可以对社会的职业结构、行业发展和专业需求有所了解，能够较为充分地搜集信息，并在实践中有突出表现，为日后的择业竞争奠定良好的基础。

（五）传媒与网络

报纸、广播、电视等都是搜集就业信息的传统途径，以其信誉度高、传播速度快、涉猎面广等特点易为大众所接受，成为各类企事业单位介绍企业现状、人才需求的重要工具。同时，越来越多的用人单位主要以网络发布招聘信息，网络求职也已经成为毕业生求职的常见形式。借助网络，用人单位与求职者之间可以进行大量的交流，给双方都提供了极大的便利。目前，人力资源和社会保障部、教育部、各级学校和人才招聘服务机构都建立了相关的网站，向毕业生提供就业指导和就业信息服务，且取得了很好的效果。毕业生可以经常上这些网站查询就业信息，除了岗位信息外，还可以获得大量的就业政策、行业发展、市场分析信息，以及招聘会、宣讲会等的时间地点安排。通过网络途径获取的就业信息，时效性强，更新速度快，此方式更加符合当代毕业生的习惯特点，非常值得关注。

（六）社会关系

现代社会关系相对复杂，人际的联络是交流各种信息的纽带，我们要善于利用这种信息传播途径。社会关系包括父母、亲戚、朋友、老师、同学等。家长和亲戚的社会阅历比较丰富,社会交往广泛,拥有较多社会资源,获取信息的渠道也多,容易为毕业生推荐较好的工作机会。老师和同学也比一般人更了解毕业生适合的就业方向,通过他们也能得到很大的帮助。

四、就业信息的筛选与使用

就业信息的内容繁多,不仅包括用人单位的需求信息,还包括就业形势和方针政策等。有的信息与选择职业有关,有的与调整自我有关,有的还与具体的就业机会有关。面对诸多信息,首要的是进行认真整理与筛选。

(一)就业信息的筛选原则

(1)发挥优势,学以致用。处理就业信息时,要尽量做到发挥所长,学以致用,这样可以发挥个人优势,实现就业信息的合理利用。

(2)面对现实,理论联系实际。在使用就业信息时,要事先对自己有一个全面的剖析并进行正确的自我评价。无论个人愿望多么美好,在实际操作时一定要面对现实。

(3)在政策范围内择业。使用就业信息时,要把个人意愿和国家政策要求相结合,并根据社会需要与自己的能力和愿望做出职业选择。

(4)综合比较。最好把自己获取的所有信息放在一起从各方面比较利弊与优劣,从而找出符合自己条件的单位。

(5)善于开拓。对那些具有潜在价值的信息深入思考,加以引证,充分利用。众所周知,信息的价值会用则有,不会用则无。

(6)早做抉择。就业信息具有极强的时效性,及时用之是财富,过期不用等于不存在。较好的职业总会吸引众多求职者,但录用指标是有限的,如果抉择不及时,往往会痛失良机。

(7)辩证分析。我们要用辩证唯物主义方法论来分析就业信息,用历史的、发展的、变化的眼光来研究、处理就业信息的实际利用价值。

(二)就业信息的使用步骤

(1)筛选。毕业生收集到大量的就业信息后,需要根据自身的求职需要和上述筛选原则,对其进行一定的筛选,去伪存真,去粗存精。

(2)求证。对于已经筛选过的信息,毕业生还要验证这些就业信息的真实度、时效性和价值性。另外,还可以通过对该单位比较熟悉的亲朋好友或老师同学等了解有关情况,以此修正和补充有关的就业信息。

(3)归类。从行业、薪资、前景、兴趣、工作地点等角度对就业信息进行归类整理,必要时可以赋予各岗位信息不同的分值,最好能做成相应的表格再进行比较,最后做出决定。

(4)行动。按照上述步骤对就业信息进行相应的整理分析之后,就可以开始行动。毕业生要主动、及时地与就业信息发布者联系,反馈自己的信息,询问应试的时间、地点和具体要求,准备好求职材料。如果可能,还应该争取与用人单位负责人见面,通过双向选择达成择业意向或签订就业协议。

翻转课堂

参考以下简历范例,制作自己专属的个人简历。

要求:1. 对简历进行整体设计。

2. 使用 A4 纸打印简历。

案 例

张××个人简历

北京××大学　　　邮编:100000

电话:13000000000　　E-mail:zhang@163.com

基本情况

求职意向:市场专员

出生年月:1994 年 1 月　　性别:女　　籍贯:浙江杭州

政治面貌:共青团员　　健康状况:健康

毕业院校:北京××大学　　专业:市场营销

教育背景

2011.09—2015.07　　北京××大学管理学院

管理学学士　　班级综合测评排名第四,专业课成绩排名第三。

主修课程:基本会计、统计学、市场营销、国际市场营销、市场调查与预测、商业心理学、广告学、公共关系学、货币银行学、经济法等。

积极参加学校活动,在校期间担任了院团委组织委员、班级学习委员,具有较好的沟通、管理能力。

获奖情况

2011—2012 年　　获得校二等奖学金

2012—2013 年　　获得校二等奖学金

2013—2014 年　　获得校一等奖学金

主要经历

2013.10 至今　　　泽熙信息科技有限公司　　营运推广主管

1. 负责社会化媒体营销团队的搭建工作,制定相关运营策略和指标,带领团队实施计划。

2. 网站常态运营活动规划和推进执行。

3. 相关数据报告和统计,为公司决策层提供决策依据。

4. 轻量级产品和应用的策划,统筹产品、技术团队成员实施。

工作成果:社会化媒体账号总共涨粉 67 万(包括 QQ 空间、人人网、新浪微博等);日均互动量相比接手前提升 1000%,评论转发量级达到百千级。

2012.8—2013.9　　泽熙信息文化活动有限公司　　市场推广专员

1. 网络推广渠道搭建维护,包括 QQ 空间、人人网、新浪微博等。

2. 负责软硬广投放,网络舆情监控,公关稿撰写,事件营销策划。

3. 标书制作和撰写,甲方沟通工作。

技能证书

国家英语四级考试成绩优秀,国家英语六级考试成绩合格;具有娴熟的英文阅读、写作能力,良好的英语听说能力,熟练掌握专业英语。

全国计算机等级考试二级合格;熟练掌握 Office 软件操作。

高级营销员,国家职业资格四级。

自我评价

1. 个性坚韧,能吃苦耐劳,工作认真,有丰富的营销知识做基础,对于市场营销方面的前沿和动向有一定了解,善于分析和吸取经验。

2. 熟悉网络推广,尤其是社会化媒体方面,有独到的见解和经验。

3. 为人热情乐观,兴趣广泛,适应性强,人际关系融洽,团队荣誉感强。

助力成长

如何让你的简历更有吸引力?

简历的一个主要目标显然要尽量地吸引招聘者的注意力和兴趣。大家都知道,你想去的单位,别人也想去,招聘的人力资源部往往同时收到成百上千的简历。在茫茫简历中,可能你的简历被看了一眼就过去了。因此,在简历制作中,必须要有引起别人特别注意的东西,使对方对你有好感,否则就不可能得到任何与对方面谈的机会。因此简历能否吸引注意力,是决定你能否成功求职的非常重要的一环。

1. 强调成功的相关经验

列出具体数据,雇主们想要你的证据证明你的实力。记住要证明你以前的成就以及你的前雇主得到了什么益处,包括你为他节约了多少钱、多少时间,说明你有什么创新等。强调以前的事件,然后一定要写上结果。

2. 简历要简,醒目而简短

审视一下简历的空白处,用这些空白处和边框来强调你的正文,或使用各种字体格式,如斜体、大写、下划线、首字突出、首行缩进或尖头,然后用计算机来打印你的简历。雇主可能会扫视你的简历,然后花30秒来决定是否面试你,所以一张纸效果最好。如果你有很长的职业经历,一张纸写不下,试着写出最近5—7年的经历,或组织出一张最有说服力的简历,删除那些无用的东西。

3. 简历要有明确的定位

雇主们都想知道你可以为他们做什么。含糊的、笼统的和毫无针对性的简历会使你失去很多机会。为你的简历定位,如果你有多个目标,最好写上多份不同的简历,在每一份上突出重点。这将使你的简历更有机会脱颖而出。简历的真正作用不在于告诉用人单位"我是什么样的人",而在于告诉他们"我就是你想录用的人"。

4. 写上简短小结

这其实是最重要的一个部分,"小结"可以写上你最突出的几个优点。没有什么应聘者写这几句话,但雇主们认为这是引起注意的好办法。

5. 力求准确

文字、语法要准确无误,在调查中许多官员都说他们最讨厌错字别字。许多人说:"当我发现错别字时我就会停止阅读。"所以,一定要认真写。雇主们总认为错别字说明人的素质不够高。

6. 注意简历的规范性

虽然简历不像公文那样有严格的格式,但也有一定的规范性,比如使用 A4 纸打印,一般不使用彩色纸,内容从个人信息开头等,都体现出它的规范性。随意设计的简历往往被招聘人员很快丢到垃圾桶里。简历可以表现你的独创性,但一定不能太另类,另类在公司企业文化里是不被接受的。当然,需要创意的行业就不受此限了。比如广告业,你完全可以制作海报或广告形式的简历,这样更能吸引雇主的注意。另外,现在毕业生使用彩色打印也渐渐流行起来——只要设计得当,并且你预算充足,也可以采用。不过用彩色打印不宜颜色太鲜艳繁杂,以免喧宾夺主,盖住了内容的重要性。

全国部分就业网站

网站名称	网址
中国国家人才网	http://www.newjobs.com.cn
中国人力资源市场网	http://www.chrm.gov.cn
中国人才热线	http://www.cjol.com
中国求职指南网	http://www.hao86.com
中华英才网	http://www.chinahr.com
智联招聘	http://www.zhaopin.com
前程无忧	http://www.51job.com
应届生求职	http://www.yingjiesheng.com
江苏省高校毕业生就业网络联盟	http://www.91job.org.cn
江苏省高校招生就业指导服务中心	http://www.jsbys.com.cn
无锡职业技术学院就业网	http://job.wxit.edu.cn

找工作时，这八大招聘陷阱一定要小心！

陷阱1：借招聘骗取个人信息

有些贩卖个人信息的中介公司，为了获得精准的个人信息，往往会在网上发布虚假招聘信息，吸引求职者前来。

提醒：

1. 求职者要通过正规大型招聘网站进行求职。

2. 在选择应聘单位时要进行甄别。事先做一下功课，简单查询一下应聘单位的有关信息及网上其他求职者的评价。

3. 在简历中不要过多透露与求职无关的隐私信息，以免被别有用心的人加以利用。

陷阱2：扣留个人重要证件

一些用人单位在面试中以单位需要审核等理由要求应聘者递交身份证、学位证、毕业证等重要证件，并声称暂时由单位保管。

提醒：

1. 作为求职材料，招聘单位一般会要求求职者提供相关学历学位证书及其他相关专业证书。但是一般不会问求职者收取原件进行保管。

2. 如果求职者碰到招聘单位提出这样的要求，求职者要明确提出拒绝。《劳动合同法》第九条也规定："用人单位招用劳动者，不得扣押劳动者的居民身份证和其他证件。"

3. 如果招聘单位以需要审核为由，要求求职者提供证件原件，求职者可以将证件或证书的编号提供给单位。招聘单位凭编号就可以核实真伪，无须保管原件。

陷阱3："高薪"吸引

一些用人单位开出诱人的高薪吸引应聘者，可在高薪的背后可能是超负荷的工作量，或以金钱和暴力胁迫就范的应聘者从事一些违法违规的工作。

提醒：

1. 首先需要对广告中的信息进行鉴别，不要被高额的薪酬所迷惑。

2. 求职者对于自身的条件要有清醒的认识。当招聘单位开出的薪酬远高于自身条件所能获得的标准，背后就会藏有陷阱。

3. 最后，还是要提醒广大求职者要抵挡得住诱惑。追求高薪没错，但最重要的是提升自己，使自己能凭实力获得高薪。

陷阱4：收取报名费、体检费、培训费等费用

现在明目张胆索要应聘费用的现象已经有所减少，但求职面试后，有些招工者会以服装费、体检费、培训费、保险费、押金、手续费等名义向应聘者收取钱款。应聘者交费后，招工者要么迅速脱身，要么找借口不给安排工作，钱财积累到一定阶段便人去楼空。

提醒：

《劳动合同法》第九条规定："用人单位招用劳动者，不得要求劳动者提供担保或者以其他名义向劳动者收取财物。"

正规的招聘单位，在招聘过程中也不会向求职者收取任何费用。如果求职者遇到招聘单位在应聘时就提出要收取五花八门的费用，此时得立刻放弃此次求职。否则会被这些招聘单位进行"洗脑"。

招聘单位往往会以招聘岗位的薪酬高、福利好等条件来诱惑求职者。并且以交了费用保证可以入职来忽悠求职者。求职者此时要保持清醒的头脑，不要轻易受骗上当。否则可能人财两空。

陷阱5：只"试用"不聘用

用人单位对新招聘人员会设置试用期，其间双方互相考察和适应。有的单位为了降低用人成本，在公司业务特别繁忙的时候大量招聘低成本的应届毕业生。等试用期结束，便以各种理由不通过试用或解聘。

提醒：

《劳动合同法》对于试用期的设定有明确的法律规定。比如试用期的期限、工资报酬、设定次数、解除条件，等等。

劳动者要避免被用人单位在试用期内侵害权益需要注意以下几点：

1. 试用期期限必须在书面劳动合同中明确约定，期限不能超过法定标准。

2. 试用期的工资不得低于转正后工资的80%。

3. 需要与用人单位在劳动合同中明确约定录用条件。

4. 对于用人单位在试用期满后违法解除劳动合同的行为可申请劳动仲裁。

用人单位往往认为试用期内可以无故解除劳动者的劳动合同，这其实是个误区。

陷阱6：只有口头承诺，不落字为据

有些用人单位故意不与求职者签订书面合同，仅与其口头达成一个简单的协议，导致劳动者在权益受到侵害时，难以拿出有效证据维权。

提醒：

根据《劳动合同法》规定，除了非全日制劳动关系双方可以订立口头协议。全日制劳动关系必须签订书面劳动合同。劳动者从自我保护的角度，必须与用人单位签订书面劳动合同。

如果用人单位找借口不签书面劳动合同或者拖延签订劳动合同，劳动者就需要提高警惕了。

《劳动合同法》对于单位不签书面劳动合同规定了双倍工资的惩罚。如果单位在此情形下还不愿与劳动者签订书面劳动合同，说明这家单位的管理是不正规的。

书面劳动合同虽然不是证明双方存在劳动关系的唯一证据，却是最直接也最容易举证的证据。为了避免今后劳动者主张劳动关系时无从举证，签订书面劳动关系还是很重要的。

《劳动合同法》规定书面劳动合同必须具备九大条款，其中就包括合同期限、工作地点、岗位、工资等重要内容。只有白纸黑字都写清楚，才能避免今后用人单位不认账的风险。

陷阱7：劳动合同约定笼统

有些劳动合同中都有类似这种条款：比如用人单位可以根据实际经营情况，调整劳动者的工作岗位。对于工作地点约定某个城市甚至还有约定整个国家的，工作岗位基本上也是笼统的。

提醒：

建议劳动者在与用人单位签订劳动合同时对于一些重要条款，比如工作地点、岗位、工资等条款还是需要谨慎对待。合同条款约定得越具体，对劳动者的保护力度就越大。

除了上面提到的必备条款，对于一些非必备条款也要仔细查看。比如竞业限制、保密条款、试用期期限，等等。

最后，要提醒一下广大用人单位。虽然在劳动合同中做了以上约定，但在实践中未必会被司法部门认可。如果劳动合同约定的条款太笼统，实践中往往会根据实际履行进行确定。

用人单位需要变更劳动合同的条款需要和劳动者协商一致。不过，如果用人单位的实际经营情况或劳动者自身情况的确发生变化，合法合理的调岗还是会得到法律认可的。

陷阱8：看似轻松易得的网络招聘

越来越多的人选择网络求职，一些不法分子也会因此乘虚而入。比如：网络转账诈骗。用人单位诱骗求职者将钱存入指定的账户,方可获得期许的职位。

提醒:

1. 尽量选择知名的大型招聘网站求职。

2. 对于网站上的招聘信息需要有一定的鉴别能力,可以事先对招聘单位进行搜索了解。

3. 不要轻信那些明显带有欺骗性、不符合实际的工作介绍。比如对于求职者能力要求不高,但薪酬很高的这种广告。天下没有免费的午餐。

4. 千万不要听信某些招聘单位的要求,以各种费用为由要求求职者提前进行转账。正规的单位招聘是不会向求职者收取费用的。

——微信公众号:大连网警巡查执法,2018 年 3 月 13 日

本章思考与讨论

1. 当前大学生就业的相关规定与政策有哪些?

2. 就业信息的获取途径有哪些? 如何鉴别真假就业信息?

3. 如何结合自身实际和专业特长,制作一份个人专属的求职简历?

本章学习日记

第六章

就业心理调适

本章学习目标

1. 通过本章的学习,让大学生了解心理素质对就业的影响。
2. 了解大学生求职过程中常见的心理问题和调适方法。
3. 及时调整认知与角色,赢在职业起跑线。

引导案例

毕业生工作未满月就决定"裸辞"

某大学文科类专业的吴同学,一毕业就应聘了一家化工企业,从事商贸方面的工作。但工作没到一个月,她就已经决心走人了。作为外地生源,小吴认为,第一份工作是为了解决落户问题,除此之外,一无是处。她大学实习期间,也尝试过教育、会展、地产、医药等跨度极大的实习,尝试的职位也名目繁多,不过,到头来,用她的话讲,"每次希望而去,失望而归",还是没发现自己到底想要什么?

小吴认为自己是一个特别纠结、矛盾的人。大学期间,她曾尝试用排除法,尝试各种行业,期望发现自己不喜欢什么,从而确定喜欢的工作。她所做的实习从教育、会展,到地产、医药,再到目前的化工,是五个跨度极大的行业。职位也从教师、人力资源、会展服务到商务,差异较大。不过,直到临近毕业,她还是没有找到兴趣所在。"我去应聘了一些企业,无论是笔试还是面试,都挺顺利的。人力资源专员对我的评价也不错,但我就是没有归属感。"小吴说,一路寻寻觅觅,直到临近毕业,迫不得已,自己只能找一份工作,先把落户的问题解决。但工作没多久,她就发现待不下去了。小吴很困惑，每次她都是充满希望地期待下一份工作会更好，但下一份工作仍然让她特别失望。

——王明复、孙培雷：《大学生职业生涯规划与求职指导》，清华大学出版社，2012 年版

【小组讨论】

1. 吴同学为什么会在工作中屡受挫折？
2. 吴同学应该如何调整就业心态？

第一节 求职心理准备

一、心理素质对求职的影响

良好的心理素质不仅可以使大学生在择业期间保持良好的心态，适时调整自己的行为促进顺利就业，而且可以使大学生在择业后顺利地适应职业及环境。大学生心理素质对求职的影响主要体现在以下几个方面。

（一）对确定就业目标的影响

大学生就业的首要问题是确定就业目标。心理素质对确立正确的择业目标起着重要作用。它要求毕业生客观正确地分析自我、认识自我，也以同样的心态认识社会，从而在就业的坐标中找准自己的位置。如对自己的能力、特长、性格、气质、兴趣、爱好的准确把握；客观地分析社会和用人单位的需要；把个人理想与社会需要有机结合起来；将个人利益与国家利益很好地结合起来等。如果心理素质不良就会导致自我认知失衡，难以找准职业位置，给就业带来困难。

（二）对就业目标实现过程的影响

毕业生的就业过程是一个选择与被选择的过程，用人单位对大学毕业生进行考核、评价、选择，优胜劣汰。这个过程要面临自荐、面试、笔试、筛选等一系列的考验，同时也会遇到诸如专业、爱好、能力与效益、地域、家庭等矛盾。能否顺利地接受这些考验，果断地处理各种矛盾，心理素质起着重要作用。良好的心理素质可以使人在面对考验和矛盾时，态度镇静、发挥特长、乐观向上、不怕挫折、勇于创新，充分展示自己的能力和优势。不论条件如何复杂，心理素质好的毕业生都能及时调整情绪，正确地

支配自己的感情和行为,对外界的刺激做出符合社会行为规范的反应。

（三）对毕业生职业适应与成就的影响

毕业生就业后走上工作岗位,职业环境发生了很大的变化。角色的变化、环境的变化、人际关系的变化,将给大学生带来种种新的考验。如果心理素质好,就能适时调整心态,把握自我、开放自我,与新的环境保持平衡,尽快适应职业角色,使适应期大大缩短。有人曾就怎样获得事业的成功向巴菲特讨教,巴菲特回答说:"这个问题很简单,就像聪明人会做一些阻碍自己发挥全部功效的事情一样,原因不在于智商,而在于心理素质。"当时在场的比尔·盖茨深表认同。大学生的人生抱负是在岗位上做出成就和贡献,心理素质对职业成就的取得起着重要作用。

拓展阅读
••••••••

成功人士应具备的十种心理素质

美国人类行为学家丹尼斯·维特利博士根据自己多年的研究,认为要想在职业生涯中有较大成就,应具备十种心理素质。

1. 现实的自我觉察

大多数的成功者表现出一种现实的自我觉察。他们能觉察到周围事物的细微变化,更能觉察到由于遗传和环境给自己造成的缺陷,也能觉察到大量对他们有益的事物。现实的自我觉察就是自我诚实。成功者不但对自己的潜力是诚实的,而且对要达到的目标应付出的时间和努力也是诚实的。

2. 现实的自我尊重

现实的自我尊重是成功者所具备的一种非常重要和最基本的品德。成功者有很强的自我价值感和自信心。"我愿意成为我自己,而不愿意是历史上任何时代的别人。"这是成功者正面的自我暗示。自我尊重中很重要的一个方面是自我接受,心甘情愿地成为自己。

3. 现实的自我控制

成功者的自我控制是主动的,而失败者的自我控制则是被动的。成功者认为自我控制的同义词是"自决",他们相信"因果"关系,相信生活的程序是"做你自己的事",并认为在许多事情中自我控制有个人选择的自由和掌握自己命运的含义。

他们坚定地坐在驾驶员的位置上,控制着自己的思想、日常工作、目标和生命。

4. 现实的自我动机

在生活中,成功者是那些有强烈的现实自我动机的人。他们有奔向自己制定的目标的能力,或是有扮演自己想扮演的角色的能力。

5. 现实的自我期望

成功者期望成功。他们懂得,所谓的"运气"是准备和觉察的结合,期望成功出于三个主要的前提:欲望——想要成功;自我控制——懂得成功是由自己创造的;准备——准备成功。现实的自我期望使他们做好了迎接机会的准备。保持努力向上的势头,期望一个较好的工作,保持健康的身体,收入能不断地增加,有热情的友谊和新的成功。

6. 现实的自我意向

所有的成功者都积极地考虑和发挥现实的自我意象。他们表现出成功者的样子,意识到自己扮演的角色,根据看到的图画、体验到的感情和听到的语言,进行想象,以此来展示自己的吸引力。他们懂得,着急、渴望、敌意和失望对于创造性的想象具有消极性和破坏性。

7. 现实的自我调节

生活中的成功者信奉现实的自我调节,他们有合理的生活计划、总的目标和明确的任务。每一天的具体工作明确,并且日复一日地努力付诸行动,决心达到确定的目标,得到要得到的一切。简言之,现实自我调节的秘密在于建立一个清楚的、具有规定性的目标。

8. 现实的自我修养

成功者们善于进行现实的自我修养。自我修养就是思想实践,即思想的锻炼,树立新的思想感情,废弃贮存在潜意识记忆体中的陈旧东西。任何事物都可以成为习惯,能在人的自我想象或是思想中产生一种永久的变化,帮助达到目标。

9. 现实的自我范围

生活竞争中的真正成功者们,具有现实的自我范围,他们客观地寻求生活中的意义,珍惜每一分钟,把每一分钟看作自己的最后时刻,从而经常地去寻求更为美好的东西。最典型的自我范围是他们具有赢得别人爱戴和尊重的品质,成功的自我范围并不意味着胜利了就把对手踩在脚下。他会向奋斗者、探索者以及坚忍不拔的人伸出援助之手,是相互帮助,而不是相互利用。他们懂得一个人真正的永生,是怀着热心和同情去帮助别人生活得更美好的时候。

10. 现实的自我投射

生活中的成功者是实现自我投射的典型,当他(她)一走进房间,能造成一种气氛:他们总是恰到好处地出现,他们具有一种使人消除敌意的艺术,同时向周围扩散吸引人心的超凡魅力,向人们投射发自内心的火热激情。成功者们是坦率和友好的。作为听众,他们全神贯注地去捕捉你的意思;作为讲话者,他们千方百计地让你听懂他们所讲的内容。他们用实例去探求你的反应,并运用同样方式的语言去讲解,以便让你很容易地取得他们与你交往的真正含义。最后,最重要的是——生活中的成功者们在生活中投射建设性的、积极的想象。

——应届毕业生网,2017 年 5 月 3 日

二、求职心理准备

求职心理准备是指求职者在就业前对求职择业目标的自我定位,对择业过程中可能出现的各种情况所做的估计与评价,以及为了解决这些问题而建立的思想观念和心理机制。择业的心理准备不同于其他心理准备,它需要一个漫长的过程,贯穿于整个大学。

(一)树立正确的择业价值观

1. 合理定位,避免理想主义

成长于新时代的大学生,个性鲜明、思维活跃,自主意识较强,敢于突破传统择业思维的束缚,更强调自我人生价值的实现,择业意向呈现出多元化的特征。同时,大学生择业也会出现目标过于理想化、就业期望值过高,宁可选择待业也不愿选择先就业再择业的情况。大学生应该认清自身的职业素养以及自己的职业兴趣,对自己做出合理的职业定位。同时,需要及时全面地了解和掌握社会就业形势和就业市场需求,树立终身学习的观念,不断充实自己,在经济发展的大潮中不断寻找适合自己的位置,不断进取,在实际工作中锻炼自己、提高自己、发展自己。

2. 勇于竞争,克服依赖心理

毕业生就业制度的改革,为毕业生和用人单位提供了"双向选择"的机会,使大学生能结合自己的专业、爱好、性格、特长等挑选工作岗位。大学生可以通过适当

的途径和方式展现自己、推荐自己,大学生应该珍惜这个机遇,充分考虑到自己的专业、性格、气质、爱好等,以积极向上的乐观心态迎接就业挑战,敢于竞争。结合就业市场需求,夯实专业知识、拓宽知识视野,加强实践锻炼提升职业技能和素养,在经济发展大潮中寻找适合自己的位置,努力实现自己的抱负。

3. 培养良好的职业道德

职业的社会性,让从业者的职业活动不仅仅是为自己的生存而劳动的单一活动,还体现着以社会分工为纽带的社会关系。从业者必须对社会承担相应的责任,因此,遵守职业道德、敬业爱岗具有重要的社会意义。敬业是职业道德最基本的要求,也是我国传统职业道德的重要内容。其基本含义是热爱本职工作,恪尽职守,讲究职业信誉,钻研业务,对技术和专业精益求精。大学生应该培养良好的职业道德,在职业中做出贡献,实现自我提升。

案 例

一位日本女大学生刚到帝国大厦工作时,被分配到卫生间擦马桶一周,这令她非常沮丧。一位前辈走了过来,跪在地上将马桶擦得光洁无比,并从马桶里舀了一杯水喝了下去。前辈工作时认真负责的精神给了她极大的震撼。后来,她每天都将马桶擦得干干净净。这位女大学生后来当上了政府邮政大臣。

【启示】如果不具备良好的职业道德,没有敬业精神,将来即使拥有再好的职业,也不会有所作为,更不可能成才。反之,如果具备崇高的职业道德和刻苦努力的精神,则不论做什么职业都能做出成绩和贡献。

(二)做好求职心理准备

面对就业,大学生常常表现出矛盾和困惑的心理:一方面为自己将来走向社会,实现自己的人生价值而感到由衷的高兴;另一方面又为能否找到理想的工作,能否适应竞争激烈的职场生活而焦虑和担心。因此调整好择业心态,做好充分的心埋准备,在就业过程中非常重要。

1. 适应社会,做好角色转换准备

对于绝大多数学生来说,大学阶段过的是一种单纯而有保障的生活,学习、生活、交际、娱乐都有规律。在这样的环境里,容易萌发浪漫的情调和美好的理想,但这样的生活与现实社会自然存在一定的距离。在离别母校,步入社会之前,最重要的就业心理准备就是转变角色。抛开浪漫,抛开幻想,认识自己所处的真实地位和

就业形势,实事求是地面对就业这样一个现实问题。

案 例

高校毕业生小周,在校期间成绩优异,担任班长分团委副书记等职务,在学校参加过"三下乡"实践、创新创业大赛等活动,均获得奖项并被评为省级优秀毕业生。然而他找工作并没有那么顺利,与许多毕业生一样,都面临高不成低不就的局面。几个月后,这位曾经的优秀毕业生还是没有找到心仪的工作,压力、焦虑和心理落差等一起涌来,在就业压力之下,他认真地调整自己的心态,从零开始,选择了一家小型通信类公司做业务代表,从扫街、扫楼开始做起,不断学习、不断积累,在工作的同时积极留意新的就业信息。几个月后,广州某电子公司招人,在应聘的200余人中,经过重重的面试考评,他凭借在校的优异表现和较高的综合素质以及几个月工作中扎实的经验,脱颖而出,成为应聘成功的五个人之一。后来,他由该电子公司集团客户主管提升为主管,现在担任项目经理。

【启示】求职过程中的大学生,要摆正自己的位置,客观、冷静地进入求职状态,认识社会,了解社会,以自身的实力,积极主动地去适应社会需要,正确地迈出人生关键的一步。

2. 知己知彼,做好就业目标准备

正确认识自己是求职者迈出成功择业的第一步。首先,毕业生要了解自己想干什么,适合干什么。大学生要对自己的兴趣、能力、特长、性格等生理心理因素进行准确的分析和定位,对自身的价值观、综合能力、个性特征有一个客观的评价,以便找出自己感兴趣、符合自己性格和特长的职业岗位。其次,毕业生对自己能干什么需要理性思考,要对自己在校期间所学知识、技能进行系统的分析,客观地评估自己在理论知识、实践能力、专业特长等方面的真实水平,分析自身的优势与不足。毕业生就业目标能否实现,除了个人的才能、机遇等条件外,主要取决于自己对就业期望值高低的设定。

案 例

小郝同学八年前毕业于某专科计算机应用专业,毕业后不久,即找到与专业对口的电脑维修与调试工作。工作一年后,他感到收入不能满足自己的需求,于是就辞职去南方打工,从事的是办公室文秘工作。两年多了,他又觉得工资太低,于是再次辞职。接着他回到当初毕业的城市,在亲属的公司里继续做文秘兼打杂等工

作,忙乎了两年,收入仍低,甚至不足以应付自己的开销。目前,他再次回到电脑行业重操旧业。现在他已30岁了,还没有打下可以使职业持续发展的基础,对自身的前景仍然感到茫然。因此,大学期间做好职业生涯规划,明确职业目标,可以帮助大学生在未来的职业发展中找准方向,少走弯路。

3. 树立信心,做好就业竞争准备

每个人都希望获得成功,包括学业、事业、家庭等各个方面的成功。自信是人生的底气,自信心的树立是获得成功的根本。面临就业竞争的挑战,有的大学生显得手足无措:大学好像什么都没学到,我能找到工作吗?会有单位接受我吗?如何面对应聘人员?一方面,大学生要做好就业准备;另一方面,大学生要树立信心。在企业里,衡量人才的标准不仅仅是学历文凭高低,更是人才对企业的贡献。所以,大学毕业生也应当大胆地去谋职,开辟自己的职业发展平台。

4. 摆正心态,做好遭遇挫折的准备

有竞争就有风险,参与竞争就难免要受到挫折。大学生在择业准备和择业过程中会面临受挫的考验,要有愈挫愈勇的精神。郑板桥的一首名诗《竹石》说得好:"咬定青山不放松,立根原在破岩中。千磨万击还坚劲,任尔东西南北风。"在求职择业中遇到挫折是正常的,遇到挫折不应消极退缩,而应该采取积极的态度,勇于向挫折挑战。遇到挫折后应放下心理包状,仔细寻找失利的原因,调整好目标,脚踏实地地前进争取新的机会。

案 例

一位刚毕业的女大学生到一家公司应聘财务会计工作,面试时即遭拒绝,原因是她太年轻,公司需要的是有丰富工作经验的资深会计。她没有气馁,一再坚持,"请再给我一次机会,让我参加完笔试。"主考官拗不住她,答应了她的请求。接着,人事经理亲自进行复试,他对她颇有好感,因为她的笔试成绩最好。不过,她的自我介绍让经理有些失望,她说自己没有工作经历,唯一的经验是在学校掌管过学生会财务。财务经理决定"收兵",说:"今天就到这里,如有消息我会打电话通知你。"女大学生从座位上站起来,向经理点点头,从口袋掏出两块钱双手递给经理,说道:"不管是否录取,请都给我打个电话。"面对这种情形,经理一下子呆住了,因为他从未见过此类情况。不过他很快回过神来,问:"你怎么知道我不给没有被录用的人打电话?""你刚才说有消息就打,言下之意就是没录取就不打电话了。"经理对这

个女孩产生了浓厚的兴趣,问:"如果你没被录用,我打电话,你想知道什么呢?""请告诉我,我在什么地方不能达到你们的要求,我在哪方面不够好,我好改进。""至于两块……"女孩微笑道:"给没有被录用的人打电话不属于公司的正常开支,所以由我来付电话费,请经理一定给我打电话!"经理这时微笑道:"请你把两块钱收回,我不用打电话了,我现在就通知你,你被录用了。"

【点评】这位女大学生在就业面试之前,对面试环节、用人单位的规章制度、个人的心理素质等做了充分准备,在屡遭挫折的情况下,最终凭借个人良好的职业心态和道德素质赢得了机会。

第二节　求职心理问题及调适

一、求职中常见心理问题分析

大学生在求职择业过程中不可避免地会遇到困难、挫折和冲突,这些挫折和冲突常常会引发各种各样的心理问题,有的甚至导致严重的心理障碍和心理疾病。大学生在择业过程中常见的心理偏差主要有以下几个方面。

(一)焦虑心理

焦虑是由于个体的心理冲突或挫折引起的一种复杂的情绪反应,主要表现为恐惧、不安、忧虑及某些心理、生理的反应。大学生在求职择业过程中产生焦虑心理是较为普遍的现象。大学毕业生表现的焦虑程度一般均较轻,主要是过分担心求职受挫引起的。轻度的焦虑人皆有之,这是正常的心理反应;适度的焦虑可以增强人的进取心,促使个体正确面对压力,不断地向预定的目标迈进;过度的焦虑则会干扰人的正常活动,影响大学生主观能动性的发挥,给就业带来不必要的困难,影响择业进程,造成择业失败,甚至导致严重的心理障碍或心理疾病。

案 例

小谢是某高校马上要毕业的学生,高中时期学习成绩优异,由于高考中太紧张进入一所普通本科高校。小谢敏感、内向、自尊心强,不太喜欢交际,大学期间,与同学交往甚少,业余时间大部分用在学习上。毕业前2个月参加了场校园大型招聘会,心想总会有一两家大公司录用自己。有一家公司通知自己去面试,通过复试。在等待第二次面试的日子里,她手机天天开着,连晚上也从不关机,总是随身带着,但是最终没人通知其进入第二次面试,也没有其他公司的面试通知。马上就要毕业了,他没有找到工作,越想越后悔当初没有考上名牌大学。心情也非常烦躁、焦虑,看书也没有以前专心,老是走神,食欲也下降了,总是担心找不到好工作。看到同学们陆续找到了工作,他觉得自己没用,同学们一定都很看不起自己,在他们眼里自己肯定"一无是处",感觉对不起母亲。为此,他情绪更加低落,也更烦躁了,又不愿意和别人说,无法化解不良情绪,内心十分痛苦。

【点评】小谢的问题是由于就业挫折引起的,表现出焦虑、烦躁、睡眠障碍等症状;受到现实挫折影响,反应局限在找工作的范围内,无回避和泛化情况,病程只有一个多月,符合一般心理问题诊断标准。在心理咨询老师帮助下,小谢进行认知、情绪调节,就业焦虑得到缓解。

(二) 依赖心理

在择业中,有的大学生对自己缺乏清醒的认识,择业信心不足、犹豫、观望,择业依赖父母、社会关系、学校和老师。这些大学生缺少主动参与就业市场竞争的胆量与勇气,害怕失败,逃避竞争,出现了"守株待兔"、消极等待的不良心理。一味依赖学校或父母、亲友,把他人的帮助当作唯一的"救命稻草"。依赖心理很强的毕业生常感到自己的无能和无助,面对就业,往往一筹莫展,希望通过他人来分担选择职业的责任,减轻心理的压力。他们想当然地认为别人一定比自己更优秀、更聪明,与他人一同竞争自己会必败无疑。这样,他们就把求助的目光瞄准了可以提供帮助的人,却看不到自身具有的优点和长处,忽视了自身的价值,缺少职业发展所必需的独立性。

(三) 嫉妒心理

在求职中,同学之间"追高比低"的现象时有发生,一些同学在求职中经常吹嘘自己职业待遇好、收入高,导致职业期望越来越高,求职变成了自我炫耀。还有些同学看见或听说别人找到了条件优越、效益较好的单位心理上就不平衡,抱着"他能去,我更能去"的态度非要找一个条件更好的单位,而不考虑自身的条件、社会需要的特点、职业发展及就业中的机遇因素。一些毕业生对别人所找的工作心存嫉妒,特别是看到自认为条件不如自己的人也能找到很好的工作,就更容易出现嫉妒心理,于是故意对别人的工作冷嘲热讽、贬低和挖苦,意图打击别人,更有甚者抱着"我得不到,你也别想得到"的畸形心态在用人单位前造谣中伤、打小报告。

小故事

一位老师在黑板上画了一根直横线,问他的学生:"你怎样才能把这根线变短呢?"学生用手把线擦掉了一部分。老师摇了摇头,在旁边又画了根更长的线,说:"与这根线相比,刚才那根线就变短了"。做人也如此啊!

(四) 自卑心理

自卑心理是在认识自我的过程中对自己的能力估计过低,其结果是使自身的发展受到压制。有些人就是由于缺乏对自己能力的信心,因而在工作中碌碌无为、但求无过。而成功总是钟情于自信的人。被称为"旅店业帝王"的希尔顿曾说过:"决心成功的人,已经成功了一半。"克服自卑心理最有效的办法是"让事实来证明",把一切怀疑、恐惧抛在脑后,立刻动手去做自己不敢做的事,经过一两次失败的磨炼,自信便会慢慢地增长,自卑的心理也就消失得无影无踪。

案例

小周是某高校毕业生,学习成绩较好,曾获得过国家奖学金。在年前年后他与同学们一起参加了几次招聘会,眼看同学们一个个"名花有主",他不但没有落实到用人单位,而且有的用人单位还对他这个"优等生"冷言冷语、不屑一顾,小周心里非常难过。为什么会出现如此的局面呢? 小周经过分析,认为找到了原因,比如他是来自偏远落后的农村,没有什么可用的关系;个子矮、长相不好;性格内向,不善言辞等。总之,他认为自己除了学习好之外,再也没有什么优势了。而学习好又得不到用人单位的认可,他感到对不起含辛茹苦的父母,自卑感油然而生,害怕再到人才市场。即将毕业时,他没有再迈出校门,多数时间在宿舍睡觉或上网玩游戏。老师发现小周的情况后,对他进行了辅导,帮助他正视其问题所在。随后,他又走出校门求职,终于在深圳找到了一份专业对口的工作。

【点评】就业过程中遭遇挫折是大学生必经的过程。面对错综复杂的择业情况,正确地对待暂时的困难和失败,保持正确的自我认知,永葆竞争的勇气和信心,才能在历练中成长。

（五）从众心理

从众心理是指个人因社会或群体压力而放弃自己的想法，采取顺从行为的心理倾向。在择业时，从众心理表现为自己无主见，不能根据自己的情况独立思考，去选择适合自己的职业和岗位。在现实生活中，许多大学生希望到生活条件好、福利待遇好的大城市、大机关、大公司工作，而不愿到急需人才但条件艰苦的中小城市和基层小单位去。一些原本准备回家乡就业的大学毕业生，一旦自己做出异于多数人的职业选择时，常常会感受到周围群体的压力，导致强烈的疑惑、焦虑等内心冲突，为达到心理平衡，也会屈从于周围的压力，不再考虑自己的兴趣、爱好，也不再顾及职位是否与自己的能力、专业相称，跟随他人做出相同的决定，影响职业发展。

（六）慢就业心理

大学生"慢就业"现象是近年来困扰高校、社会和家庭的问题之一。"慢就业"是指，一些大学生毕业后既不打算马上就业也不打算继续深造，而是暂时选择游学、支教、在家陪父母或者创业考察，慢慢考虑人生道路的现象。2018年7月，中国青年报社社会调查中心联合问卷网，对2009名受访者进行的一项调查显示，72.9％的受访者周围有"慢就业"的大学生；62.4％的受访者认为大学生选择"慢就业"是因为对未来还没规划好。

拓展阅读

警惕"慢就业"变"懒就业"

毕业季来临，一所大学以高铁票为模板制作了海报：起点站是母校，下一站是"前程似锦"站。青春不散场，梦想今起航。如何帮助新毕业的大学生既快又稳地融入社会，让他们顺利迈出职业生涯第一步，可说是需要全社会共同思考的问题。

2018届全国普通高校毕业生达820万人，再创历史新高。统计显示，2018年我国一季度GDP增速达6.8％，城镇新增就业330万人。稳健的经济增长态势，为就业提供了根本保障。同时，经济社会的转型发展，给就业带来了一些新特点。相关就业调查发现：城市群正在崛起，一些表现抢眼的二三线城市，迅速成为吸引应届毕业生的新磁场；陪跑师、无人机飞手等新职业层出不穷，对美好生活的需求推升了服务业的换代，给就业创业提供了丰富的选择。多元多样的就业创业选择，映照着时代的发展与社会的进步。

　　当然,就业上结构性的不平衡依然存在。例如,高校毕业生就业过度集中于一线城市,导致竞争压力过大;又如,人才培养与市场需求不相匹配,造成部分毕业生竞争力不强。巧解结构性难题,离不开多措并举。2017 年以来,《高校毕业生基层成长计划》深入实施,让毕业生看到了更广阔的发展舞台;一些高校针对新兴产业开设电子商务、信息化物流、物联网工程等专业课程,为大学生提供了对接行业要求的知识技能;不少地方还设立创业导师制度,在创业者和投资机构之间牵线搭桥,为年轻人创新创业提供智力与资金……丰富多元的支持政策,密集推出的新举措、新办法,为毕业生提供了更广阔的空间。

　　同时,优化就业市场的资源配置,也要让供求双方的信息有效对接。当下的校园招聘,有些甚至还停留在 20 多年前的摆地摊方式。一些二三线城市、新兴企业求贤若渴,却因为流动校招的费时费钱而烦恼;而一些志在远方的毕业生,也常常因跑招聘会、海投简历的奔波低效而却步。尽量减少相互机会的浪费,是促就业的应有之义。无论是执法部门加大对求职中介的管理,还是互联网企业打造信息透明的招聘平台,都是为人尽其才、才尽其用做出的有益探索。

　　充分就业的实现,更离不开健康、积极、多元的就业观念。近年来,随着经济社会持续发展,我国就业市场的需求多样多变,年轻人更加追求个性化的职业选择,以往的一些"铁饭碗""金饭碗"反而可能遇冷。求新求变的同时,也不应摒弃传统智慧和价值理念。比如在择业过程中,既要避免只顾眼前、不计长远的急功近利,也要警惕"慢就业"变"懒就业",甚至"宅"在家中一味"啃老"。社会本身就是一所大学,对毕业生来说,及早做好职业生涯的长期规划,尊奉"一分耕耘一分收获",才能一步一个脚印地提升自身能力、积累职业资源。

　　"远方在等待着你们,远方始于你们的脚下。"毕业临别之际,有校长这样勉励毕业生。无论是就业还是创业,国家都给予了充分的政策支持和制度保障,社会已形成积极进取、开放包容的创新氛围,年轻人可以遵从内心、根据自身特点做出选择。在成长成才的道路上找寻到自己的坐标,这对个人来说收获的是幸福,对社会来说种下的就是希望。

——人民日报寄语大学毕业生,2018 年 6 月 28 日

二、求职过程中的自我调适

　　就业本身就是我们认识和适应社会的一个过程,在求职过程中遇到困难,甚至

经过几次挫折,最后成功是正常的。在就业中遇到许多心理冲突、困惑,产生一些不良情绪也是正常的。遇到就业问题时,要学会调节自己的心态,使自己能从容、冷静地面对就业这一人生重大课题,并做出正确、理智的选择。

(一)培养良好的就业心态

1. 放眼未来,积极就业

正视社会现实是大学生择业必备的健康心态之一。新时代,社会越来越尊重知识、尊重人才,为大学生求职择业提供了较好的环境。大学生职业选择的机会大大增加,为大学生施展自己的才能提供了更为广阔的天地。同时,大学生在求职择业时眼光要看得长远一些,学会规划自己整个人生的职业生涯。从实际出发,择业时不要期望过高,可以先选择一个职业,不断提高自己的社会生存能力,增加工作经验,然后再凭借自己的努力,通过职业能力迁移来逐步实现自我价值。比如,许多大学生不愿意去西北部等经济落后的地区工作,随着"一带一路"建设,西北部地区将成为经济发展的热点,也将给大学生们提供更多的发展机会,也许更有利于大学生的职业发展和事业成功。

2. 挖掘优势,自我提升

德才兼备是大学生的择业之本、立身之本。较高的思想道德素质、扎实的专业知识、合理的知识结构、强烈的创新意识、稳定的心理素质、良好的组织管理能力和口头与书面表达能力,是 21 世纪人才必须具备的。大学生应该积极主动地寻找机会,锻炼自己,注重培养个人的进取精神、成就意识,提高知识运用、独立生活、社交活动、语言表达等能力,形成合理的知识结构,增强自身的社会适应力、心理承受力与应变能力,坦然面对择业竞争。同时,大学生在择业时应充分发挥自身的优势,扬长避短。主动收集求职信息,参加求职招聘,积极参与竞争,学会抓住属于自己的机遇。

3. 锲而不舍,追求成功

锲而不舍、坚韧不拔的个性是成功求职者共有的特征。他们在做任何事情时都有取得成功的非凡动力和顽强意志,不会屈服于暂时的困难和挫折,能够在每次跌倒后再次爬起来,在失败中前进、永不退缩。求职中遭到拒绝,是毕业生找工作时常常会遇到的事情。失败并不可怕,大学生可以在失败中积累求职经验。通过自我暗示,树立起一个成功者的形象,不断自我训练、演习胜利、模仿成功,产生正面的心理导向效应,勇敢面对求职路上的风风雨雨。此外,用人单位招聘时,不仅看一个人的才干,意志品质也在其考察范围。求职过程中,再坚持一下,也许就会得到用人单位的青睐。坚持再坚持,是赢得最终胜利的秘诀。

(二)学会心理调节的方法

就业过程中,大学生要控制自己的心境,自觉地调整内在的不平衡心理,增强心理素质,保持乐观向上的情绪,不断地对自己进行心理和情绪调适。

1. 自我激励法

自我激励法主要指用生活中的哲理、榜样的事迹或明智的思想观念来激励自己,同各种不良情绪进行斗争,坚信未来是美好的。因为失败、挫折已经成为过去,要勇敢地面对下一次,尽可能地把不可以预料的事当成预料之中的,即使遇到意外事件或择业受挫,也要鼓励自己不要惊慌失措、冲动、急躁,开动脑筋、冷静思考、寻找对策。大学生在择业过程中,要相信自己的实力,通过自我激励,增强自信心,消除自卑感,保持良好的情绪和心态。

2. 注意转移法

注意转移法即把注意力从消极情绪转移到积极情绪上。当不良情绪出现时,可以采取转移注意力的方法寻找一个新颖的刺激,激活新的兴奋中心以抵消或冲淡原来的兴奋中心,使不良情绪逐渐消失。如:听听音乐,参加体育运动,进行自我娱乐,接受大自然的熏陶,参加有兴趣的活动等,使自己没有时间沉浸在因各种原因引起的不良情绪反应中,以求得心理平稳。

3. 适度宣泄法

当遇到各种矛盾冲突,引起不良情绪时,应尽早进行调整或适度宣泄,使压抑的心境得到缓解和改善。宣泄的较好方法是向你的挚友、师长倾诉你的忧愁、苦闷,使不良情绪得到疏导。在倾诉烦恼的过程中,可以获得更多的情感支持和理解,获得认识和解决问题的新思路,增强克服畏难的信心。也可通过打球、爬山等运动量较大的活动,消除压抑心理、恢复心理平衡,但应注意场合、身份、气氛,注意适度,宣泄应是无破坏性的。

4. 自我安慰法

自我安慰法又称自我慰藉法,关键是自我忍耐。在择业中,大学生常常会遇到挫折,当经过主观努力仍无法改变时,可适当地进行自我安慰,以缓解动机的矛盾冲突,解除焦虑、抑郁、烦恼和失望情绪,这样有助于保持心理稳定。在因受挫折而情绪困扰时,可用"亡羊补牢,犹未为晚""塞翁失马,焉知非福"等话语来做自我安慰,解脱烦恼。

5. 合理情绪疗法

情绪 ABC 理论由美国心理学家埃利斯创建,他认为激发事件 A(activating event)只是引发情绪和行为后果 C(consequence)的间接原因,而引起 C 的直接原因则是个体对激发事件 A 的认知和评价而产生的信念 B(belief),即人的消极情绪和行为障碍结果(C),不是由于某一激发事件(A)直接引发的,而是由于经受这一事件的个体对它不正确的认知和评价所产生的错误信念(B)所直接引起。错误信念也称为非理性信念。

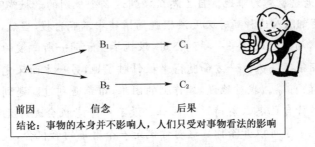

图 6-1 情绪 ABC 理论

例如,有的大学生择业不顺利(A)就怨天尤人,认为"人才市场提供的岗位太少""用人单位要求太高",其原因就在于他只从客观上找原因,认为"大学生择业应当是顺利的""社会应该为大学生提供充足的岗位",等等。正是由于这些不正确的认知信念(B1),造成了他的不良情绪(C1),而这种不良情绪恰恰来自他自己。所以,如果能改变这些不合理的观念,调整认知结构(B2),不良情绪就能得到克服(C2)。大学生运用合理情绪疗法时要把握三点:第一,要认识到不良情绪不是源于外界,而是由于自己的非理性信念所造成的;第二,情绪困扰得不到缓解是因为自己仍保持过去的非理性信念;第三,只有改变自己的非理性信念,才能消除情绪困扰。

自我调适的方法还有很多,如环境调节法、自我静思法、广交朋友法、松弛练习法、幽默疗法等。

拓展阅读

换一个想法，换一种心情

我认识的女孩小丽，大学时学的是中文，后来进入了一家广告公司，拥有优越的工作环境和丰厚的年薪。按说，小丽应该过得不错，不会有跳槽的念头。

一天，小丽为老总写一个活动的演讲稿，怎么也不能让老总满意。小丽硬着头皮改了七八次，可总被老总批得体无完肤，还说她完全不是搞文字的料。委屈的小丽不停地哭，想到了要跳槽。

她认定是老总有意为难她。自己怎么碰到这么个挑剔的老板呢？真是命苦啊！一连几天，小丽都陷入这种痛苦又无法摆脱的情绪中不能自拔，当然，老总的发言稿也没再让她写，而是让比她早一年到公司，跟她毕业于同一所学校的师姐代劳了。

对此，小丽很不高兴。一方面觉得老板针对了她，另一方面又觉得师姐代劳她的工作伤了她的自尊。我对她说，工作上的困难，谁都遇到过。遇到了困难谁都不会高兴，关键是你自己怎么看待这个困难。没有一个老板会无缘无故地处处为难一个员工，他大不了可以开除你。这对你倒是一个磨炼的好机会，我们生活中的很多本领都是在特定的情况下逼迫学到的。不妨这样想想，并虚心一点跟你的师姐好好学习一下。她听从了我的意见。

几天后，师姐和她共同完成了演讲稿，老板很满意，拍着她的肩膀说："小丽，你还是有潜力的，工作的时候要勤于把它们挖掘出来呀！"听了老板这样的肯定，她顿时又觉得老板是个和蔼的老头了。这个女孩的认知改变了，情绪改变了，结果也改变了。

因此，当你情绪不好的时候，不妨问问自己，为什么这么不开心，是不是自己把有些事情想得太严重了，或是会错了意。换个想法，就能换个心情。

——233网校，2012年7月2日

翻转课堂

数数你的"不开心"

【目的】

帮助同学们探索自己在实习、求职等过程中的不开心的经历，以更好地面对就业。

【时间】

30—45分钟。

【地点】

普通教室。

【具体步骤】

第一步：老师引导大家回顾自己实习、求职中三个不开心的经历。可以放音乐请大家闭上眼睛进行想象，也可以请大家在空白纸上画下自己的生命曲线。

第二步：老师进一步引导大家写下以下问题的答案，与小组同学进行交流讨论，一起学习面对不开心时该如何应对。

(1) 你的不开心的经历是什么？

_____

(2) 最终的结果如何？

_____

(3) 这次经历给你留下的影响是什么？

_____

(4) 从中你学习到了什么？

_____

_____

助力成长

8个心理妙招踢走职场坏心情

如今，职场的压力越来越大了，这就使很多职场人出现了这样那样的职场心理疾病。而若想远离心理疾病，职场朋友们就需要学会给自己减压，同时注意及时调节坏心情。

1. 笑起来，制造快乐

即使是情绪非常低落的时候，也可以尝试这个方法。做出笑脸，保持两分钟。科学研究已经证明了，只要是真正地笑起来了，尝试笑的人也会感到快乐，情绪会高涨，感觉会变得好起来。即使你原来并不想笑，也并不感觉到快乐。

2. 解决问题，不要抱怨

不断地抱怨你的问题是一种可以使你情绪低落的方法。如果你想找出一个解决问题的办法的话，谈论你的问题是好的，但是让自己成为一个事件的戏剧女主角只会使你持续抱有消极态度，并且一次又一次地提起它，不堪其扰。而且，据说，一声抱怨一声叹息，会让你的心情瞬间低落。

3. 听听音乐，哼哼歌

英国伦敦诺道夫-罗宾斯音乐治疗中心的临床医学家表示，唱歌是改善心情的最简单方法。因为唱歌可调整呼吸，使整个身体都随着节奏运动。不管是自己哼唱或是与朋友同唱，哪怕只是静静地倾听，都有助于放松身心。

4. 适当放松，玩得开心点

少工作一些，少担心一些，到户外活动并将你的自由时间专时专用，玩得开心点。这样会使你不那么抑郁、与他人联系更多和提高你的整体健康水平。

5. 停止判断别人

研究显示，不断地评判别人和他们的行为举止是一种过度地自我批评的证明。为了活得更轻松自在，不要评判自己是好还是坏，让自己休息一下，并且承认你是人类。人无完人嘛！

6. 不要追求完美

现实生活中是不可能有完美的，因此尝试达到不可能的高标准就是在浪费时间。取而代之，定制比较实际的目标和顺其自然——这都会使你生活得更加快乐。

7. 接受那些你不能改变的事情

比如，你的身高、你的肤色、你没有赢得博彩的事实和你没有成为奥斯卡获奖女演员等。这会使你情绪好一些，并且使你对将来抱有积极的态度。

8. 学会说"不"

这是指当你无法解决的时候就不要再继续逞强了。如果对任何事情都说"是"，那么你就会由于每个人都依赖你而不堪重负、身心俱疲和成为牺牲品了。在职场当中能够学会自我调节，时刻保持乐观的心态，只有这样才能让心理好起来。

本章思考与讨论

1. 大学生在就业过程中存在哪些心理误区？
2. 大学生在就业中应怎样做好心理调适？

本章学习日记

第七章

创就业政策与就业程序

- 了解国家和地方出台的大学生创业、就业政策。
- 熟悉就业程序和步骤。
- 学会维护自身的就业权益。

引导案例

不懂政策，怎能吃"螃蟹"？

刚毕业的小吴，是第一位从某市工商局副局长手中接过"个人独资企业营业执照"的小老板。但是，就在他迈出第一步时，他几乎对国家大幅度放宽私营企业投资条件、降低投资门槛等鼓励政策一无所知，这无疑预示着一系列的创业风险。

充分了解国家的有关政策和法规，是对每一个创业者必不可少的要求。不懂规则，怎能行动？盲目出击，又哪里有希望？

【小组讨论】

你所知道的创业、就业政策有哪些？你所了解的就业程序是怎样的？

第一节 创就业政策介绍

近年来,国家出台了各项政策,鼓励广大青年学生发挥才干、投身创业、积极就业。各地政府为了扶持当地大学生创业,也出台了相关的政策法规,而且因为更有针对性,所以更加细化,更贴近实际。大学生如果准备创业,那么在了解国家的大学生自主创业鼓励政策外,也一定要去了解当地的详细的创业优惠政策。

一、大学生创业贷款政策

资金是大学生创业的第一难题。对于大多数想要创业的人来说,如何筹集创业资金是一个很大的挑战!

对此,国家出台了一系列大学生创业贷款优惠政策,主要内容有:

1. 各国有商业银行、股份制银行、城市商业银行和有条件的城市信用社要为自主创业的各大高校毕业生提供小额贷款。在贷款过程中,简化程序,提供开户和结算便利,贷款额度在 5 万元左右。

2. 贷款期限最长为两年,到期后确定需要延长贷款期限的,可以申请延期一次。

3. 贷款利息按照中国人民银行公布的贷款利率确定,担保最高限额为担保基金的 5 倍,担保期限与贷款期限相同。

大学生创业贷款办理方法如下:大学毕业生在毕业后两年内自主创业,需到创业实体所在地的当地工商部门办理营业执照,注册资金(本)在 50 万元以下的,可以允许分期到位,首期到位的资金不得低于注册资本的 10%(出资额不得低于 3 万元),1 年内实际缴纳注册资本如追加至 50% 以上,余款可以在 3 年内分期到位。如有创业大学生家庭成员的稳定收入或有效资产提供相应的联合担保,信誉良好、还款有保障的,在风险可控的基础上可以适当加大发放信用贷款,并可以享受优惠的低利率。

二、税收优惠政策

大学生自主创业第二个受到关注的地方在于税务方面的问题。我国属于赋税比较高的国家,而且税收项目比较多,除了企业必须要缴纳的国税、地税和所得税以外,根据企业所从事的不同行业,还会有一些其他的税需要缴纳。

国家在大学生创业优惠政策中对于税收方面做出了以下规定:

1. 凡高校毕业生从事个体经营的,自当地工商部门批准其经营之日起1年内免交税务登记证工本费(即免税)。

2. 新成立的城镇劳动就业服务企业,当年安置待业人(含已办理失业登记的高校毕业生,下同)超过企业从业人员总数60%的,经相关主管税务机关批准,可免纳所得税3年。

劳动就业服务企业免税期满后,当年新安置待业人员占企业原从业人员总数30%以上的,经相关主管税务机关批准,可减半缴纳所得税2年。

除此之外,具体不同的行业还有不同的税务优惠:

1. 大学毕业生创业新办咨询业、信息业、技术服务业的企业或经营单位,提交申请经税务部门批准后,可免征企业所得税两年。

2. 大学毕业生创业新办从事交通运输、邮电通信的企业或经营单位,提交申请经税务部门批准后,第一年免征企业所得税,第二年减半征收企业所得税。

3. 大学毕业生创业新办从事公用事业、商业、物资业、对外贸易业、旅游业、物流业、仓储业、居民服务业、饮食业、教育文化事业、卫生事业的企业或经营单位,提交申请经税务部门批准后,可免征企业所得税一年。

有了众多免税的创业优惠政策扶持,相信广大自主创业的大学毕业生,在创业初期就能省下大量资金用于企业运作。

三、企业运营管理

相对于贷款优惠和税收优惠政策而言,企业运营管理方面的创业优惠政策并没有受到大多数大学生创业者的关注,甚至有的自主创业大学毕业生根本不知道有这一优惠政策。这方面的优惠政策包括以下几个方面:

1. 员工聘请和培训享受减免费优惠。对大学毕业生自主创办的企业,自当地工商部门批准其经营之日起1年内,可以在政府人事、劳动保障行政部门所属的人才中介服务机构和公共职业介绍机构的网站免费查询人才、劳动力供求信息,免费发布招聘广告等。这一点有助于在创业初期获得相关行业所需求的人才资源,能够帮助自主创业的大学毕业生以最低代价、更容易地获取所需专业人才。

2. 参加政府人事、劳动保障行政部门所属的人才中介服务机构和公共职业介绍机构举办的人才集市或人才、劳务交流活动时可给予适当减免交费;政府人事部门所属的人才中介服务机构免费为创办企业的毕业生、优惠为创办企业的员工提供一次培训、测评服务。

四、大学生自主创业优惠政策的具体内容

高校毕业生自主创业政策的具体内容是,对持《就业失业登记证》(注明"自主创业税收政策"或附着《高校毕业生自主创业证》)的毕业生从事个体经营(除建筑业、娱乐业以及销售不动产、转让土地使用权、广告业、房屋中介、桑拿、按摩、网吧、氧吧外)的,在3年内按每户每年8 000元为限额依次扣减其当年实际应缴纳的营业税、城市维护建设税、教育费附加和个人所得税。

2019年,中国人力资源和社会保障部、教育部、公安部、财政部、中国人民银行5部门联合下发《关于做好当前形势下高校毕业生就业创业工作的通知》(以下简称《通知》),部署高校毕业生就业创业工作。《通知》中明确要求,省会及以下城市全面放开对高校毕业生、职业院校毕业生、留学归国人员的落户限制,要求各地落实就业优先政策,深入实施高校毕业生就业创业促进计划和基层成长计划。

《通知》提出了四个方面政策措施:一是积极拓宽就业领域;二是大力加强就业服务;三是强化就业权益保护;四是全力做好兜底保障。对就业困难毕业生和长期失业青年实施"一对一"援助,在深度贫困地区开展送岗位上门活动。

具体政策有:①小微企业吸纳毕业生可享受社保补贴;②允许本科生用创业成果申请学位论文答辩;③放宽创业担保贷款申请条件,返乡创业还有补贴;④启动"学历证书＋若干职业技能等级证书"制度试点;⑤省会及以下城市放开落户限制、精简落户凭证;⑥禁止就业性别歧视,严查违规检测乙肝项目等行为;⑦高校不准将毕业证书、学位证书发放与毕业生签约挂钩;⑧中职、技工院校困难毕业生也能享受求职创业补贴。

五、无锡市大学生创业政策解读

2018年,无锡市出台了《关于做好当前和今后一段时期就业创业工作的实施意见》,制定了7个方面23条政策措施,促进城乡劳动者就业创业。新政对大学生创业群体提出了具体的扶持措施。

无锡市实施全民创业行动计划,鼓励创业带动就业,明确了无锡市将从以下几个方面为锡城创客"铺平道路"。一是优化创业环境,明确"不见面审批(服务)"的

工作时限,开办企业 3 个工作日以内、不动产登记 5 个工作日以内、工业建设项目施工许可 50 个工作日以内完成。二是发展创业载体,对市级、省级和国家级创业孵化基地(大学生创业园)分别给予 30 万元、50 万元、100 万元的建园奖励。为创业者服务工作成效明显的创业孵化基地,给予最高每月 1 万元的创业服务补贴。创业孵化成功补贴也从原来每户 6 000 元提高到了 1 万元。三是加大创业扶持,一次性创业补贴、创业租金补贴和创业社保补贴对象范围从高校在校生、毕业 5 年内高校毕业生和本市户籍登记失业人员扩大到大学生(高校在校生、大学生村官、毕业 5 年内高校毕业生)、本市户籍的失业人员、复员转业退役军人和农民。一次性创业补贴政策享受门槛从原来的正常经营 6 个月以上降低到 3 个月以上,创业租金补贴标准上限从 5 000 元提高到了 1 万元。创业带动就业补贴、创业项目无偿资助对象范围拓宽到企业骨干、小微创业者、科研人员、留学回国人员、大学生、失业人员、复员转业退役军人和农民,带动就业对象也从高校毕业生和失业人员放宽到各类城乡劳动者,补贴上限从 10 万元提高到 30 万元。强化创业担保贷款政策,将支持范围从创办个体工商户、企业扩大到民办非企业单位、农民专业合作社和网络创业,以大学生(高校在校生、大学生村官、毕业 5 年内高校毕业生),以及本市户籍的失业人员、复员转业退役军人、农民、化解过剩产能企业职工、网络商户为重点群体,创业担保贷款给予全额贴息,对其他城乡劳动者给予 50% 贴息;降低担保门槛、优化贷款服务、建立代偿机制、推行尽职免责制度等措施。

第二节　就业程序

对大学生来说,一个完整的就业程序,至少包括收集信息、自我分析、确立目标、准备材料、参加招聘会(投递材料)、参加笔试、参加面试、签订协议、走上岗位等环节。走好就业的每一步,对成功实现自己的职业理想十分重要。

一、收集信息

收集信息是就业活动的第一步。大学生在择业过程中,需要通过各种渠道收集的信息大致包括五个方面的内容。

(一)当前大学生就业市场的供需形势

通常包括社会经济发展形势,社会各行业、各类企事业单位经营状况和对毕业生的需求等。尤其要重点了解本校、本专业的社会需求情况,用人单位对毕业生的基本要求等。

(二)政策和法规信息

例如国家及学校有关毕业生就业政策及规定、《中华人民共和国劳动法》《中华人民共和国劳动合同法》《中华人民共和国反不正当竞争法》《国家公务员暂行条例》等。

(三)就业安排活动信息

比如什么时候召开企业说明会,什么时候举办招聘会或供需洽谈会等。

(四)成功择业的经验、教训的信息

"择业过来人"的择业经验、教训,就业指导教师的体会和建议等,都会为毕业生的成功择业助一臂之力。

(五)具体用人单位的信息

例如自己所学专业哪些用人单位需要?需求数量是多少?用人单位经营状况、文化背景、发展前景、工作条件、福利待遇、对人才的重视程度及对毕业生的具体安排、使用意图等。

就业不仅取决一个人的知识、能力、体力、社会和经济的因素,而且取决于就业信息。谁能获得更多更有效的就业信息,谁就能赢得择业的主动权。搜集就业信息应该力求做到"早""广""实""准"。

通常来讲,就业信息的收集主要包括以下几种途径。

1. 学校主管大学生就业的部门

无论从哪个角度看,学校都应该是收集就业信息的主要渠道。因为就目前的就业机制看,学校是连接大学生就业工作所涉及的有关对象的核心环节,他们既与毕业生就业工作所涉及的各级主管部门之间保持密切联系,同时也是用人单位选录毕业生所依赖的一个主要窗口。这一特定的位置,使它们对就业信息的占有量大于任何一个部门,同时在所掌握信息的准确度、权威性方面也没有任何一个部门可以与之相提并论。学校主管大学生就业的部门收集了较为完整的相关就业政策,涉及全国的、行业的、地方的;他们接触到的所有信息都是用人单位针对学校的专业设置而来的,可信度最高;同时他们所接触的各部门、各单位正是毕业生就业

工作所涉及的就业机构。因此,就它们所提供的就业信息,无论是质量还是数量,都具有明显的优势,是毕业生获得就业信息的主要渠道。

2. 各级政府主管部门和就业指导机构

主管部门和就业指导机构的主要职责,就是制定所辖区的毕业生就业政策、交流毕业生和用人单位的供求信息、为毕业生就业提供各种咨询与服务,他们每年都要通过各种形式为毕业生提供各种真实的可靠的就业信息。

3. 老师及亲朋好友

学校的老师在每年的社会实践教学、科研协作以及校外兼职中,都与一些专业对口的单位关系密切。通过他们了解需求信息,联系社会实践、实习单位以及推荐到相关单位求职,对毕业生择业成功是很有帮助的。校友大多是在专业对口的单位工作,他们对所在单位引进人才有一定的影响力,他们提供的就业信息往往更具有准确性,通过他们引见往往可信度高,成功率高。再者,许多毕业生的家长或亲友在多年的工作与社会交往中,与社会各方面有着广泛联系,由于家长、亲友与毕业生的特殊关系,在帮助了解就业信息或推荐就业机会时会更加积极主动。

4. 社会实践和毕业实习

毕业生在求职择业过程中,很大的障碍是供求双方缺乏了解。而毕业生的社会实践、实习可以说是其了解用人单位,并让用人单位了解自己的最好途径。毕业生在参与社会实践和毕业实习、毕业设计时,应该力求做到与单位的选择和就业意向相挂钩。如果你的毕业设计乃至毕业论文正是实习单位要解决的技术攻关难题,极有可能成为你择业成功难得的机遇。

5. 各类"双选"、招聘活动

各地方、学校或用人单位举办的规模不等、形式多样的"双选"活动或招聘会,往往具有时间集中、信息量大、针对性强、双方了解更直接等优点,是毕业生了解信息、成功择业难得的机会。特别是以学校为主体举办的"双选"、招聘活动,专业更对口,用人单位更有选才的诚意,更应该格外地予以重视。

6. 各种有关的新闻媒体

大学生就业是近年来社会关注的问题之一。毕业生可以通过各种新闻媒体,如电视台、报纸、专刊等,了解有关的就业信息。

二、自我分析

在收集信息的基础上,毕业生要联系自身实际,理智地进行自我分析。自我分析包括以下四点:

1. 自身综合素质、能力的自我测评。如学习成绩在全专业中的名次,自己的兴趣、特长、爱好是什么,有何出众的能力(包括潜能)等。

2. 分析自己的性格、气质。一个人的性格和气质对所从事的工作有一定的影响,如果能从事与自己的性格、气质相符合的工作就易出成绩。可以用一些测试表对自己的性格、气质进行一定的分析。

3. 分析自己在择业过程中,具有哪些优势和劣势,如何扬长避短等。

4. 问问自己究竟想做什么,即自己想在哪一方面有所发展,想成为什么样的人。换句话说,即要明白自己的"满足感"是什么,价值标准是什么。

三、确立目标

自我分析是为了确立自己的择业目标。从大的范围来说,大学生首先需要确立的择业目标包括以下三个方面。

(一)择业的地域

首先要明确自己期望在哪里就业,是留在本地,还是去外地就业。此时,既要考虑是否符合政策规定,同时还要考虑生活习惯以及今后的发展等因素。

(二)择业的行业范围

必须确定是在本专业内就业,还是跨出本专业到其他行业就业;是从事本专业范围内的技术工作、管理工作、社会工作,还是从事教学工作、科研工作等。此时应多想想自己的综合素质、能力以及兴趣、特长等。

(三)择业的单位

必须确定是去大企业,还是去小公司或报考公务员;是选择国有企业,还是选择三资企业或民营企业。在这些单位中,有哪些单位会前来招聘,自己是否符合条件,最希望到哪一家企业工作。对于愿意从事教育工作的大学生,是选择高校还是中等职业学校或其他学校,等等。

　　择业过程中,当然会遇到许多不可预测的变化。但是,事前给自己的择业确定一个比较明确的目标,可以使整个就业活动有的放矢,有条不紊。不然,就会出现乱打乱撞的盲目被动局面。

四、准备自荐材料

　　在确定了择业目标之后,大学生接下来即可准备自荐材料。自荐材料包括:学校推荐表、导师推荐信、个人简历、自荐信及有关的辅导证明材料。这几种材料虽然单独都能使用,但各自的侧重点不同。自荐信主要表明自己的态度,个人简历主要说明自己过去的经历,证明材料强调自己所取得的成绩,学校推荐表和导师推荐信体现学校和老师对自己的认可。缺了任何一个方面,自荐材料都不完整。

　　自荐材料是反映毕业生个人总体情况和综合素质的主要材料,是毕业生与用人单位信息交流的载体,也是用人单位透视大学生的一扇"窗户"和决定是否面试的重要依据。因此,自荐材料一般被称为大学生求职择业、赢得面试的"敲门砖"。

五、参加招聘会(投寄材料)

　　在大学生就业活动中,招聘会或就业市场在用人单位与大学生之间架起了见面、沟通的桥梁。

　　在招聘会或就业市场上,用人单位与大学生之间只能进行初步结识,即用人单位向毕业生宣传单位发展情况,同时收集众多毕业生的自荐材料(有的单位可能向应聘学生发放登记表);毕业生则在了解用人单位的大致情况后,将自荐材料和登记表交给招聘单位。从某种意义上说,大学生参加招聘会或就业市场,大多数仅完成了一项材料递交工作。当然,也有一些毕业生与用人单位"一见钟情",当场签约。

　　为了提高效率,毕业生可以有选择地去几个招聘会或就业市场,没有必要为"广种薄收"而盲目地去"赶场子",今天去一个招聘会,明天进一次人才市场,这样既浪费时间和精力,效果也不会太好。另外,毕业生可以将自己的自荐材料通过邮寄等方式寄给用人单位,用人单位可以依据此材料进行分析,决定是否通知你参加面试或笔试。

六、参加笔试

不少用人单位在招聘过程中,采用笔试的方式考核应聘者的知识、能力与素质。

笔试主要检验大学生运用所学知识和所掌握技能去处理实际问题的能力。当然,笔试不仅在卷面上考核你的知识和能力,同时也在考核你其他方面的素质。比如书写是否工整,卷面是否整洁,答题是否细心等。因此,你应该珍惜并认真对待笔试。

七、参加面试

面试是众多用人单位考核大学生综合素质的重要手段。通过面对面地沟通、交流,用人单位可以了解大学生的表达能力、思维能力、处事能力,以及对一些问题的看法和其他一些不能通过笔试反映出来的综合素质。因此,大学生在面试之前要做好充分准备,适当进行形象设计。

八、签订协议

用人单位通过自荐材料和供需见面、笔试、面试等招聘活动,选拔出自己合意的毕业生后,便向被录用的学生发放录用通知书。毕业生在接到录用通知书后,如果愿意到该单位工作,则双方签订就业协议书。就业协议书一旦签订,就不得随意更改。如果有一方提出毁约,须征得另外两方同意,并缴纳违约金。

九、报到上班

与用人单位签订好协议,并得到学校、政府教育主管部门的审核同意后,接下来大学生要做的事便是以优异的成绩完成学业,做好毕业离校的各项准备工作。至此,毕业生的求职择业程序完成,毕业生可在办理离校手续后,按照规定的时间期限和指定的地点去单位报到上班。

第三节　就业手续的办理

毕业生在和用人单位签订就业协议前后,需要配合学校完成一系列就业程序方面的工作,包括毕业生生源信息的填报与审核、毕业生双向选择就业推荐表的制作以及毕业生就业信息的填报。这一系列工作有着很强的时效性,直接影响毕业生的毕业、派遣方案的制定以及档案的去向,同时也有极强的逻辑性关联。同学们需要认真学习这部分的内容,掌握时间节点,以确保自身在毕业时的相关事务和手续顺畅无阻。

一、毕业生生源信息审核

毕业生生源信息审核是毕业资格审查工作的重要内容之一,关系到毕业证书的制作,学信网内的个人信息填报,毕业生登记表、毕业生就业协议书的生成,以及后续的毕业生派遣及档案投递等一系列相关事宜。无锡职业技术学院毕业生生源信息审核工作通常在毕业年份前一年的九月中旬进行。

无锡职业技术学院生源信息的核对实现了全网络化操作。同学们需登录学校就业信息平台,在线填写并核对个人生源信息,其中考生号、学号、专业等部分信息学生无法自行修改。生源信息填写具体操作步骤如下:

1. 打开无锡职业技术学院就业信息网(网址:http://wxit.91job.org.cn/),或安装并运行我院就业 App,见图 7-1。

图 7-1　无锡职业技术学院就业信息网

2. 用个人账户登录就业信息网或就业 App。就业信息网登录端口见图 7-2。

图 7-2 就业信息网登录端口

个人账户的用户名为学生个人完整学号,初始密码为学号后六位。密码输入连续错误三遍后将导致账号自动冻结 24 小时,如有同学之前登录并修改过密码且忘记了自己修改后的密码,可以与所在分院的就业辅导员联系找回密码。

3. 登录就业网进行操作的同学,在登录后点击主菜单里的【学生】菜单,找到第三项【就业手续】中的【生源信息核对】,并点击进入,详见图 7-3。

图 7-3 就业信息网"学生"菜单窗口

利用手机 App 客户端进行操作的同学,登录并进入首页后点击【办事大厅】—【生源信息】,即可进行填报与核对,详见图 7-4。

图 7-4　就业 App—办事大厅—生源信息

4. 进入填报环节后,请各位同学仔细填写、核对个人信息。生源信息审核页面自带的学生个人信息,不得随意改动,如发现有误,需尽快与分院就业辅导员联系,并提供相应的证明,如身份证、户口簿或户口所在辖区派出所出具的户籍证明等材料;政治面貌如有变动请及时与班主任联系;手机号码与个人邮箱是学校联系学生的重要方式,请务必如实填写。填写并确认无误后请点击【提交】,等待分院审核、学校审核。

二、注意事项及常见问题汇总

(一)登录后无法正常显示,或者无法正常登录

受手机网络设置、浏览器类型等因素的影响,在手机上登录就业信息网之后往往会出现网页无法正常显示或显示不全等现象,建议在手机上填报的同学利用就业 App 进行操作。同样受网络设置、防火墙设置等因素的影响,会有极少部分同学出现始终无法正常登录的现象,建议更换设备后重新登录。

(二)生源地填报错误

毕业生生源地,指的是毕业生高考报名时的户籍所在地,通常与父母户口所在

地相同。两种特殊情况的生源地:①借考,高考时户口所在地为 A 市,高中期间于 B 市某中学就读,并在 B 市报名参加高考,则生源地为 A 市;②父母工作调动,高考时户口所在地为 A 市,并在 A 市参加高考,入学报到时将户口迁入了就读的高校,在就读期间父母因工作调动等原因将户口迁到 B 市,则生源地应为 B 市。

(三) 因就读期间改名导致的现用名与系统内个人姓名不一致

发现存在此种情况的同学需尽快将户口所在地辖区派出所出具的相关证明交给分院就业辅导员,否则会导致毕业证与学信网内的个人姓名与现用名不一致,将严重影响个人将来的发展,如求职、升学等。

三、毕业生双向选择就业推荐表的作用

推荐表全名为《××届毕业生双向选择就业推荐表》,由江苏省教育厅定制格式,由学生所在院校毕业生就业工作部门加盖公章后生效,是证明毕业生身份、培养方式、派遣资格、基本信息以及在校期间重要奖惩情况的证明文件。在学生领取毕业证书和学位证书之前,这是学生就业过程中的唯一证明文件,在学生就业过程中极其重要。在学生报考公务员、应聘公司职位的过程中,绝大多数用人单位都会要求学生提供推荐表作为自己的证明。

无锡职业技术学院毕业生双向选择就业推荐表于每年十月起,由学生登录学校就业信息平台后完成填写,分院通过审核后生成、打印,由创就业指导中心盖章后下发,下发时间为十月中下旬。同时生成的还有毕业生就业协议书,未填写、提交毕业生双向选择就业推荐表的同学也将无法获取毕业生就业协议书。毕业生双向选择就业推荐表是发放给毕业生的推荐材料,是学校正式向用人单位推荐毕业生的书面材料,具有较高的权威性和可信度,毕业生每人只有一份原件。

毕业生双向选择就业推荐表的作用包括以下几个方面。

1. 它是毕业生具有就业资格的证明文件,只有国家计划内招收的毕业生,才有资格领取毕业生推荐表,定向生、委培生、非国家计划内招收的毕业生没有推荐表。

2. 它是毕业生申请户口、报考公务员等的必备材料,用人单位申报解决毕业生户口时,推荐表原件是要提交的申报材料之一。同时,毕业生如果报考公务员,也必须提交推荐表原件。

3. 它是学校向用人单位推荐毕业生的正式书面材料,推荐表的内容需要经过

毕业生所在高校审核并加盖公章后才有效。

目前许多用人单位在招聘高校毕业生时都需要对方出具毕业生双向选择就业推荐表,因为加盖了院校公章的推荐表是同学们在领取毕业证之前的身份证明,也是用人单位甄别求职者学历真伪的重要材料。毕业生双向选择就业推荐表事实上相当于一份官方的、统一格式的表格简历,同学们可以使用其复印件作为个人简历的补充。

四、学生制作毕业生双向选择就业推荐表的流程

无锡职业技术学院毕业生双向选择就业推荐表实行线上操作,同学们需要在线填写完毕后点击提交,由班主任填写学校评语,分院完成主要专业课程填写,学校完成学校推荐意见填写并审核通过。具体填写步骤如下。

1. 打开无锡职业技术学院就业信息网,并用个人账号登录,步骤同生源信息填报。

2. 在首页点击【学生】菜单,找到【就业手续】中的【制作推荐表】并点击进入,网页将会自动链接至91JOB智慧就业平台登录页面,如图7-5。

图7-5 91JOB智慧就业平台

91JOB智慧就业平台与无锡职业技术学院就业信息平台共用同一套用户名与密码,账号为学生个人完整学号,默认密码为学号后六位。找到并选择无锡职业技术学院,输入账号、密码和验证码后进入推荐表编辑界面,如图7-6。

图7-6 就业推荐表编辑页面

3. 仔细检查推荐表上个人信息,并如实填写其他空白内容,不得填写虚假、捏造的信息。其中入学时间为入学年份的9月1日,毕业时间为正常毕业年份的6月30日;工作/实习经历一栏不带＊号,为非必填项,但它是用人单位评估学生工作经验、个人能力与社会阅历的重要依据,有工作/实习经历的同学请务必准确、翔实地进行填写;奖惩情况通常为校级及以上奖励,没有的填无。全部信息检查并填写完毕后,点击【提交审核】,待分院和学校审核。

五、毕业生就业信息的填报

毕业生就业信息的填报涉及毕业派遣方案的制定、报到信息的生成以及毕业生的档案去向。档案涉及毕业生的入职、就业后的工龄计算、社会保险、退休手续办理,直接影响到毕业生未来收入以及养老金的领取。已经就业的毕业生通过就业手续上报,可以明确知晓本人档案去向,减少不必要的麻烦。同时毕业生填报的就业信息也是学校以及省级毕业生就业主管部门统计分析毕业生就业动态的重要数据来源,是学校改善就业服务、调整就业指导工作方向的重要依据。

就业信息的填报流程如下。

（一）就业信息填报实行线上填报

学生需登录学校就业信息平台（就业信息网或者就业 App）进行操作。利用就业信息网填报的同学，登录成功后点击【就业手续】中的【就业信息上报】，链接至91JOB 智慧就业平台登录端口，再次登录后即可进入填报页面，如图 7-7。

图 7-7　就业信息上报窗口

利用学校就业 App 填报的同学，登录后进入【办事大厅】—【就业信息上报】后，即进入填报页面。

（二）毕业去向的选择

学生在进入填报页面后，首先需根据自身情况勾选相应的毕业去向，如图 7-8。

图 7-8　毕业去向选择界面

毕业去向勾选完毕后系统将会自动生成毕业去向、就业状况、就业类别信息。如果毕业去向是回生源地，还会自动生成档案等签往单位名称、签往单位所在地、档案转递单位名称、档案转递单位地址等信息。此类信息涉及毕业生档案的去向，学生不得擅自修改生成结果。如果对生成的相关内容有疑问，请及时与所在分院就业辅导员联系。

（三）其他就业信息内容的填报

毕业去向勾选完毕后将进入下一步的信息填报，学生需根据实际情况准确、详细地填写并提交。具体见图7-9。

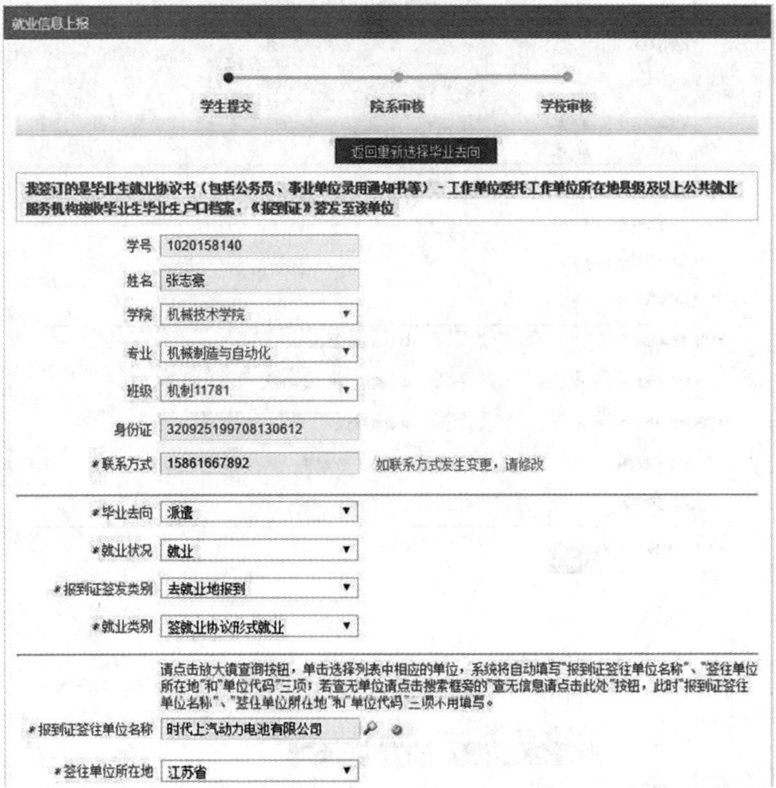

图7-9　其他就业信息内容填报窗口1

* 报到证签往单位名称　时代上汽动力电池有限公司　🔍 ⊙

* 签往单位所在地　[江苏省 ▼]
　　　　　　　　　[--请选择-- ▼]
　　　　　　　　　[--请选择-- ▼]

\# 单位代码　[3200]　⊙

　　　　　　报到证签往单位点击了查无此单位的，请在此处维护信息。格式如下： 报到证签往单位名称：XX单位全称；签往单位所在地：XX省XX市；其他情况填：无！

\# 查无单位信息反馈　[　　　　　　　　　　]　请维护查无此单位的信息，由审核老师维护

　　　　协议书编号　[　　　　　　　　]

\# 工作单位名称　[　　　　　　　　]

\# 工作单位社会统一信用代码　[　　　　　　　　]　查询链接
　　　　　　请填写18位社会统一信用代码或者9位组织机构代码，组织机构代码中的"-"不填

\# 单位联系人　[　　　　　　　　]　请填写工作单位联系人姓名

\# 单位联系方式　[　　　　　　　　]　请填写工作单位联系方式

\# 实际所在地　[--请选择-- ▼]　请选择工作单位所在地
　　　　　　　[--请选择-- ▼]
　　　　　　　[--请选择-- ▼]

\# 单位性质　[--请选择-- ▼]

\# 单位行业　[--请选择-- ▼]

\# 工作职位类别　[--请选择-- ▼]

\# 档案转递单位名称　[　　　　　　　　]　● 请填入信息！

\# 档案转递地址　[　　　　　　　　]　● 档案接收单位的详细地址

\# 档案转递联系电话　[　　　　　　　　]　● 请填入信息！

　　档案转递邮编　[　　　　　　　　]　请输入正确的邮编

　　档案转递收件人　[　　　　　　　　]

\# 上传就业相关证明　[上传图片]

　　　　　　　　　[📷]

签协议就业请上传协议书附件；签劳动合同就业请上传劳动合同附件；有单位用人证明，请上传单位用人证明附件；升学请提供录取通知书附件，出国、出境请提供国外高校的offer。

请仔细核对您填写的数据，确认无误后点击"提交审核"进行送审。

[返回重新选择毕业去向]　[暂存]　[提交审核]

签核记录　变更明细			
用户	时间	操作	备注
没有找到数据。			

图 7-10　其他就业信息内容填报窗口 2

填写要点如下：

1. 毕业去向、就业状况、就业类别是系统自动生成项，学生填报时不得修改，保持默认。

2. 如果属于回生源地的就业情况，毕业去向、就业状况、就业类别、档案转递单位名称、档案转递地址、档案转递电话、档案转递邮编和档案转递收件人由系统自动填写，学生填报时不得擅自修改，如有疑问请及时与分院所在就业辅导员联系。

3. 工作单位名称填写与毕业生就业协议书上加盖的就业单位公章一致的就业单位全称，工作单位的社会统一信用代码填写18位的统一社会信用代码。建议通过天眼查（https://www.tianyancha.com/search）检索核实一下。实际所在地填到区县。

（此处的查询链接直接通往天眼查网站首页）

图7-11　工作单位查询提示

4. 单位性质：注意几个单位的区别。①民办中小学、幼儿园单位性质应该选择为"中初教育单位"；②民办培训机构单位性质应选择为"其他企业"；③艰苦行业企业主要是指农业、林业、水利、地质、矿产、石油、航空航天航海等有关行业。

5. 上传就业相关证明，指上传接收函、就业协议、劳动合同、升学录取通知书、入伍通知书、自主创业营业执照等就业材料的相关照片，请按提示如实准确上传。有多个证明材料的，请上传多个照片。

6. 点击【返回重新选择毕业去向】，会跳到第一步毕业去向选择页，并清空所有已填报信息。填写中可以随时点击【暂存】以保存已经填写的信息，信息全部填报完毕并且上传就业材料照片后，点击【提交审核】，即进入分院审核环节。分院审核通过之后，学生将无法直接对已经填报的内容进行编辑，如果有需要改动的内容，请及时与所在分院就业辅导员联系，或者直接在线提交修改申请，见图7-12。

图7-12　已审核通过的就业信息在线申请修改提示

六、毕业生档案的相关事宜

毕业生档案是指记录和反映学生个人学习和工作经历的以学生个人为单位集中保存以备查询的文件、表格以及其他形式的历史记录。高校毕业生档案通常含有以下材料：高考报名体检表、入团（党）志愿书、大学体检表、高校毕业生登记表、毕业生成绩单（学籍卡）等。企业单位录用员工和公务员、事业单位选拔时都会查阅档案，并以其中的内容作为甄选人才的重要依据。同时办理社会保险、职称评定、户口迁移、出具各类证明以及报考部分职业资格等级考试时也都需要毕业生档案。知晓了自己毕业后档案的去向，可以避免在日后的生活中遭遇不必要的麻烦和损失。

无锡职业技术学院创就业指导中心会在每年 7 月初对毕业生档案进行投递。毕业生可以在 7 月中旬登录学校就业 App，在【办事大厅】—【档案查询】里查到自己档案具体的去向。被专转本、专接本录取的同学，他们的档案不参与集中投递，而是个人领取之后自行带至升学后的高校。另外需要留意的是，各地人才中心每年暑期都会收到来自全国各高校寄来的毕业生档案，对这些档案进行整理归档是一项长期的工作。如果有同学在毕业后急需自己个人档案，但是在人才中心又一时无法检索到自己档案的，需耐心等候并定期查询。

第四节　就业权益

一、大学生就业的七项基本权益

（1）就业信息知情权。及时全面地获取应该公开的就业信息。

（2）接受就业指导权。接受来自国家、社会和学校的及时、有效的就业指导与服务。

（3）被推荐权。享有被学校及时、公正、如实地推荐到用人单位的权利。

（4）平等就业权。平等地接受学校推荐，平等地参与招聘，录用毕业生时公平、公正及一视同仁。

（5）就业选择自主权。"双向选择，自主择业"，即有权决定自己是否就业，何时就业，何地就业，从事何种职业，学校、其他单位和个人均不能进行干涉。

（6）择业知情权。有权了解用人单位的主体资格、劳动岗位、劳动条件、劳动报酬以及规章制度等情况。

（7）违约求偿权。用人单位、毕业生、学校的三方协议一经签订后,任何一方不得擅自毁约和违约。

二、学生就业相关的五部法律、法规

大学毕业生就业相关的主要法律、法规有:《中华人民共和国劳动法》《中华人民共和国劳动合同法》《中华人民共和国就业促进法》《中华人民共和国劳动争议调解仲裁法》《普通高等学校毕业生就业工作暂行规定》等。

《中华人民共和国劳动法》是调整劳动关系以及与劳动关系密切联系的社会关系的法律规范总称。它是市场经济到一定阶段而产生的法律部门,也是从民法中分离出来的法律部门,是一个独立的法律部门。《中华人民共和国劳动法》旨在调整雇主及雇员的关系,并保障各方面的权利及义务。《中华人民共和国劳动法》可以帮助毕业生着重了解和保护自身平等就业和选择职业的权利、取得劳动报酬的权利、休息休假的权利、获得劳动安全卫生保护的权利、接受职业技能培训的权利、享受社会保险和福利的权利、提请劳动争议处理的权利以及法律规定的其他权利。

《中华人民共和国劳动合同法》是《中华人民共和国劳动法》的特别法。是为了完善劳动合同制度,明确劳动合同双方当事人的权利和义务,保护劳动者的合法权益,构建和发展和谐稳定的劳动关系而制定的法律。《中华人民共和国劳动合同法》的制定,可以更好地帮助劳动者与用人单位之间确立劳动关系,明确双方权利和义务。

《中华人民共和国就业促进法》,旨在营造公平就业的环境,消除就业歧视,制定政策并采取措施对就业困难人员给予扶持和援助。这是一部为促进就业,促进经济发展与扩大就业相协调,促进社会和谐稳定而制定的法律。《中华人民共和国就业促进法》建立了促进就业的长效机制,加大保障公平就业力度,关于就业援助的规定得到细化,对职业中介机构的设立规定了准入门槛,最大限度地促进就业,同时保障就业者的权利。

《中华人民共和国劳动争议调解仲裁法》是为了公正及时解决劳动争议,保护当事人合法权益,促进劳动关系和谐稳定而制定的法律,劳动关系是最重要、最基本的一种社会关系。改革开放以来,我国劳动保障法制建设取得长足进展。2008年5月1日开始实施的《中华人民共和国劳动争议调解仲裁法》是我国劳动保障立法的又一项重大成果,也是完善劳动争议处理制度的重大举措。该法的施行对于公正及时地解决劳动争议、保护劳动者的合法权益,具有重要价值。

《普通高等学校毕业生就业工作暂行规定》,是为做好普通高等学校(含研究生培养单位)毕业生(含毕业研究生)就业工作,更好地为经济建设和社会发展服务,维护毕业生和用人单位的合法权益,根据国家的有关法律和政策制定的规定,旨在帮助和指导高校毕业生更好实现就业,保障高校毕业生就业权利。

三、大学生就业权益自我保护的"五意识"

(1)法律意识。市场经济是法制经济,毕业生就业也必须走法制化之路。

(2)契约意识。一是重视和深刻理解就业协议的重要性,有通过就业协议来保护自己合法权益的意识;二是严格遵守、履行就业协议内容的意识。

(3)维权意识。权益受到侵犯时不要惊慌,可依靠学校、国家行政机关、新闻媒体、法律援助、司法机关维权。

(4)证据意识。一是收集证据的意识,要求对方出示或者提供相关资料;二是保存证据的意识,以便将来在仲裁或诉讼时支持自己的观点;三是运用证据的意识,毕业生要有用证据证明案件事实的意识。

(5)诚信意识。毕业生自己在求职过程中必须如实向用人单位介绍自己的情况。识别和规避企业的费用陷阱、高薪陷阱、试用期陷阱、合同陷阱等。

【翻转课堂】

制订你的创就业能力提升计划。

表 7-1　创就业能力提升计划

时间安排	提升内容	实施情况	反思总结

助力成长

大学生创就业应当具备的能力

1. 规划人生、制订计划

这一点对年轻人来说,是不容易实现的。尤其是大学生刚出校门,对社会和自己的认识还非常有限。要想清楚地知道自己以后发展方向在哪里,仅靠自身的苦思冥想是找不到答案的。最好的办法就是通过自己去观察别人,征求"过来人"的意见,再结合自己的实际情况制定一些小的目标,通过确定和实现这些小目标,再慢慢地开始规划自己的人生。

在创业过程当中,要经常性地提前计划或规划一些事情。在制订计划的时候一定要综合各种因素,形成切实可行的动作分解,要将任何可能的细节都考虑在内。而在实施的过程当中要针对当下的具体情况进行适时的调整。运营需要强有力的计划管理能力,只有具备这一能力才能让自己更靠近成功创业之门。

2. 胆识和魄力

作为创业者,你就是团队的灵魂。团队运营后,甚至在筹备之初就会面临各种各样的决策,你的一举一动都左右着创业的发展走向和兴衰。前期创业者可能会广泛地征求亲朋好友的建议,一旦自己能够独立自主后,就必须要通过自己的智慧和胆识去决定各种大小事务。当自主地做出决策时,谨慎是必不可少的,一旦优柔寡断可能就会失去一个绝佳的商业机会。同时,决策的胆识和魄力一定要建立在深思熟虑的基础之上。

3. 团队管理、信息管理、目标管理

任何创业如同经营一家企业一样,需要制定各种制度。制度不在于多,而在于是否让所有相关人都能够明白其道理,并且严格执行。创业者需要针对自己团队的实际情况建立各种有效的管理制度,包括店员管理、培训,绩效考核等。同时,针对市场的不断发展变化而改进相应制度,只有这样才能够让创业者及其团队立于不败之地,拥有发展的主动权。在此想提醒大学生创业者,在制定和改进管理制度的时候,一定要基于客观事实出发,而不要想当然,要极力保证制度的可实施性。

创业者每天都会通过不同渠道接触各种信息,如竞争对手又开始降价了,明天要下雨,厂家又有新政策,等等。如何从大量的信息里筛选与自己相关的,再从与自己相关的信息里找到有效的,这需要长时间的锻炼。只有正确有效的信息才能指导各项工作有序开展。对于大学生创业者而言，由于缺乏大量的社会实践经验，所以在接触各种信息的时候，难免会有失偏颇地做一些决定。在大家对信息无所适从的情况下，可以向过来人请教，加以甄别。要在观察和请教别人的过程当中，不断提高自身管理信息的能力。

创业必须要有明确的目的性。在不同创业阶段需制定明确的目标，把目标进行细致的分解。一个团队要想得到长远发展，那么必须得有长远的发展目标，长远的发展目标又可以按阶段分解成不同的小目标，而这些小目标又可以分解到每个相关人。在这个过程当中，作为创业者、主导者，就需要对不同的目标进行统筹和管理。

4. 谈判

在创业者的人际交往过程当中，与人谈判的情况必不可少。谈判对创业者的要求是综合多面的，要求创业者有一定的语言能力、心理分析能力、人文素养等。要想在谈判当中占得主动地位，必须要有很强的谈判能力。杰出的谈判能力能够让创业者在谈判过程当中直接获得更多的利益。

5. 处理突发事件

创业过程当中，会不可避免地发生一些突发事件，而其中很大一部分都是我们想避免的。然而当事情发生的时候，需要我们更为积极地应对。如果这些事情发生在创业者的客户身上，处理得当的话，还能起到广告效果。通过用心的服务，创业者可以向客户传递负责任的形象。"好事不出门，坏事传千里"，任何一件突发的事件，稍加不注意，也会使自己的形象一落千丈，甚至砸掉招牌。处理好每次的突发事件，化险为夷，甚至通过这些事件的妥善解决，让客户更加认同你或者你的团队，再借由客户之口，为你不断传播好口碑。

6. 学习

在现代社会中，要想取得不断的成功，必须具备持续的学习能力。市场和行业的竞争日益激烈，大到一个企业，小到个人，要想力争上游，那就必须比竞争对手更快地掌握更多的知识，通过不断的学习使自己处于不败之地。对于大学生创业者而言，除了书本的理论知识，更要重视学习其他方面的综合能力。

7. 社会交往能力

良好的人际关系，不仅能给人生带来快乐，而且还能助人走向成功。大学生创业者在开始创业后必将接触到各种不同类型、身份的人，而接触的人大多都是跟自己利益攸关的。所以从创业最开始就要学会跟各种人打交道。要尽可能地去结交人脉，认识朋友，舍得给自己投资。在与前辈们的交流和学习当中不断认识到自己的不足,有针对性地加以完善。

8. 保持身心健康

创业者经常要与孤独和挫折为伴,绝大多数的创业过程不是一帆风顺的。时下流行一个词——"逆商",也就是说人在适应逆境时的能力。创业者如何保持乐观而稳定的心态,需要在长时间的历练当中找到方法。而大学生创业者一般都比较心高气傲,有着强烈的自尊。建议刚毕业的大学生要放低姿态,平静地去接受一切可能的打击。同样,在得意时,也要克服骄傲的情绪,切不可沾沾自喜、妄自尊大。

身体是革命的本钱,创业者只有身体健康才能够支撑一切的打拼和奋斗。为事业拼搏而废寝忘食的精神非常值得肯定,但是终究不能视之为常态。大部分年轻的创业者都会精力旺盛,一旦投入工作都很难自拔。在创业的过程当中一定要注意劳逸结合,切莫因为太拼而让自己的健康状况下滑。

本章思考与讨论

1. 创就业的基本政策有哪些? 说说你的了解。
2. 就业程序是怎样,如果你是一名毕业生,应当按照怎样的程序就业?
3. 就业权益有哪些? 有哪些保障高校毕业生就业权益的法律?
4. 你的创就业能力提升计划是怎样的? 说说你的打算。

本章学习日记

第八章

探秘创新世界

本章学习目标

- 了解树立创新意识是唯物辩证法的要求,拓宽知识视野,改进学习方法,开发情感智力,从而培养创新意识。
- 了解限制创新思维的四个心理因素,学习培养创新思维的五个方法。
- 掌握脑力激荡法、属性列举法等六个创新方法。

引导案例

紧身裙与可口可乐瓶

路透是美国一家玻璃瓶厂的工人,由于上班路上耗费的时间很长,他便在离工厂不远的地方租了一个小隔间,以便自己休息和上班。由于工作繁忙,他已经很长时间没有和女友见面了,路透和女友彼此都十分想念对方。

一天上午,女友精心打扮了一番,穿了一条时兴的紧身裙来探望路透。这条裙子在膝部附近变窄,凸出了人体的线条美,实在是非常漂亮。约会后,路透突然想到:为什么不把又沉又重的可口可乐瓶设计成这种紧身裙的式样呢?

于是,路透按照女友裙子的样式制作了一个玻璃瓶,并将玻璃瓶的图案画下来进行了专利登记。之后,他来到可口可乐公司,将制作好的玻璃瓶和图案交给了当时的可口可乐经理——史密斯。史密斯看了之后非常高兴,大大称赞了路透一番,并马上与路透签订了一份合同,约定每生产 12 打汽水便支付路透 5 美分。就这样,可口可乐饮料的瓶身就变成了现在我们所熟知的样式。

目前这种瓶身的生产数量已经达到 760 亿个,路透所获得的收益约值 18 亿美元。路透通过女友漂亮的裙子,想到了改变可口可乐原本不实用的瓶身,这就是他的创新思维促使了灵感的发挥。

——通识教育规划教材编写组:《大学生创新创业教程(慕课版、双色版)》,人民邮电出版社,2017 年版

【小组讨论】

1. 日常学习生活中,树立创新意识可以从哪些细节入手?

2. 限制创新思维的心理因素有哪些? 如何科学有效地克服这些不利的心理因素?

第一节 树立创新意识

一、树立创新意识是唯物辩证法的要求

(一)辩证的否定是事物自身的否定

辩证的否定,是事物自身的否定,即自己否定自己,自己发展自己。这是因为任何事物内部都包含肯定方面和否定方面;肯定方面和否定方面既相互依存又相互排斥,并在一定条件下相互转化。当肯定方面处于矛盾的主要方面时,事物维持其原有性质和自身的存在。当否定方面上升为主要方面,并战胜了肯定方面时,事物的性质发生了根本变化,实现事物自身的否定,旧事物变成了新事物。

(二)辩证的否定是发展的环节

辩证的否定是发展的环节,是实现新事物产生和促使旧事物灭亡的根本途径。这是辩证的否定的第一个特点。

(三)辩证的否定是联系的环节

辩证的否定是联系的环节,新事物产生于旧事物,它总是吸取、保留和改造旧事物中积极的因素作为自己存在和发展的基础。这是辩证的否定的第二个特点。

（四）辩证否定的实质就是"扬弃"

辩证的否定，既不是简单地肯定一切，也不是简单地否定一切，而是既肯定又否定，既克服又保留，克服的是旧事物中过时的消极的内容，保留的是旧事物中积极的合理的因素。辩证否定的实质就是"扬弃"，既不能肯定一切，也不能否定一切。坚持辩证的否定观，必须反对形而上学的否定观。肯定一切是错误的，因为它抹杀了新旧事物之间的界限，从根本上否定了事物的发展；否定一切也是错误的，因为它割断了新旧事物之间的内部联系，实际上也是否定了事物的发展。

辩证否定观的意义，在于革命精神和科学分析态度的统一，批判与继承的统一。辩证的否定观要求我们，必须树立创新意识，做到不唯上，不唯书，只唯实。书本是传播知识的载体，是人类进步的阶梯，但任何书本知识都需要不断丰富和发展，谁也不可能"一眼望穿天下事，一书写尽天下理"。权威往往比普通人更能准确地揭示事物的本质和规律，但任何权威都不可能永远正确，永远不犯错误。因此，我们不仅要尊重书本知识，尊重权威，还要立足实践，解放思想，实事求是，与时俱进，不断实现理论和实践的创新与发展，在认识世界和改造世界的活动中取得成功。

二、创新意识与辩证法的革命批判精神

（一）辩证否定的革命批判精神

世界永远处在不停地运动、变化和发展的过程中，任何事物对它发生的那个时代和那些条件来说，都有它存在的理由；但是对它自己内部逐渐发展起来的新的、更高的条件来说，它就变成过时的和没有存在的理由了；它不得不让位于更高的阶段，而这个更高的阶段也要走向衰落和灭亡。因此，辩证法在对现存事物的肯定的理解中同时包含对现存事物的否定的理解，即对现存事物必然灭亡的理解；辩证法对每一种既成的形式都是从不断地运动中，因而也是从它的暂时性方面去理解；辩证法不崇拜任何东西，按其本质来说，它是批判的、革命的、创新的。事物的存在，对于它赖以产生的历史条件来说是有理由的、必然的。事物随着时间的推移和条件的变化，就会丧失原来存在的理由。没有否定就没有质变，就没有新事物的产生和旧事物的灭亡。

（二）辩证法的革命批判精神要求具有创新意识

辩证法的革命批判精神和创新意识是紧密联系在一起的。创新是对既有理论、实践的突破，要创新就要有批判和发展。辩证法的革命精神和批判性思维要求我们，密切关注变化发展的实际，敢于突破与实际不相符合的成规陈说，敢于破除落后的思想观念；注重研究新情况，善于提出新问题，敢于寻找新思路，确立新观念，开拓新境界。这是我们事业不断取得成功的关键。

（三）创新就是对传统的突破，是在过去的知识、经验、技能基础上的飞跃

从理论上说，创新就是首次提出的独创性见解，并且这种见解能够被实践证明是正确的，也就是说创新是理性认识的新飞跃。理论上的创新就是对概念、判断和命题进行新的归纳、概括和总结，从而提出不同以往的新的正确认识。从实践上说，创新就是新发展、新创造，就是取得全新的创造性成果的过程。

三、树立创新意识，培养创新能力

（一）破除传统观念，启动创新意识

掌握创新意识，才可以抓住创新机会，整合创新方法，启动创新思维。但是，目前传统的教育思想基于人们知识仓库式的大脑，思维禁锢在老师设定的书本知识的框架内。此外，某些规范也严重地束缚个体个性的健康发展。教育学指出，创造能力的培养与个性密切相关，习惯于服从的人根本上很难有创造性，只有"奴性"。爱因斯坦说过："我认为学校凭借恐吓、压力和权威来管理个体是一件最坏的事，它破坏了个体深挚的感情和真诚、自信，它养成个体驯服的性格。"因此，某些教育规范应当被拿来重新审视，从而解放个体，让大家敢想、敢说、敢做，方法之一就是赞扬。如果你想让个体表现出某一方面的好品格，你就应该赞扬他的某一方面，将他的优点放大，让他在发扬优点的过程中克服缺点，充满自信地健康成长。

（二）着力个性培养，营造创新氛围

教育是人的创造能力的主要源泉，但如果教育不得当，其结果就会相反。著名

教育家苏霍姆林斯基说过："人的个性是一种由体力、智力、思想情感、意志、情绪等熔化的最复杂的合金,不了解这一切就谈不上教育。"营造一个个性得以自由发展的宽松的氛围是开发人的创造力的一个必不可少的重要条件,压抑个性自由就是抑制创造欲望,埋没创造人才。

为营造创新氛围,培养个体个性特长,应做到"三个结合"。一是普及与提高结合:一方面提高教育教学的整体质量;另一方面注重培养有发展特长的个体。二是共性与个性结合:一方面要保证全体个体形成最基本的道德品质、基本的学力;同时要面向每一个有差异的个体,开发差异资源,实施因材施教。三是规范与选择结合:一方面要求向个体输送共同的价值观念、共同的道德规范和统一要求的基础知识;另一方面要让个体学会选择发展自己的优势,学会用自己的头脑判断、分析事物,形成辩证的思维方法。

（三）拓宽知识视野,夯实创新基础

当今,知识的发展出现两大趋势:一是突破,二是融合。突破能产生新知识,融合也能产生新知识。而无论是突破还是融合,都离不开创新精神和创新能力。创新学习要根据这种发展趋势调整学习内容,减少记忆性知识的分量,增加有助于提高分析能力、创造能力的内容;减轻一些难度过重的课业负担,使个体有时间、有条件接触自然,参加社会实践,并通过自己的创造性工作,关心和满足社会的各种需要,增强创造性学习的积极性。还应加强学科的交叉渗透,拓宽个体知识面,将一些关系密切的学科内容合并,融会贯通,夯实创新基础。

（四）改进学习方法,训练创新意识

某些培训教育把个体简单地视为被动的客体,把人脑当作固定的容器,教师生硬地向其灌输知识。这种"满堂灌""填鸭式"的教学,不给个体留有积极思维的空间和余地,不允许个体有任何意义上的标新立异,抑制了个体学习的主动性和思考的独立性。创新性学习方法要求尊重个体学习的主体地位,采取老师启发、引导和个体积极参与的方法,鼓励个体开动脑筋,寻找问题的答案,帮助个体独立地思考和探索,养成对问题和新知识的好奇心与求知欲,培养对问题进行主动思考的质疑态度和批判精神,既要学会又要会学。

（五）开发情感智力,培养创新意识

美国哈佛大学心理学家丹尼尔·戈尔曼（Daniel Goleman）在《情感智力》一书

中首次使用了与智商相对应的情商概念，并且认为在对个人成功起作用的要素中，智商占 20%，情商占 80%。

所谓情商或情感智力，包括人的动机、兴趣、情感、意志和性格，在人的创造活动中，这些因素能起到启发、定向、引导、维持、强化、调节、补偿等重要作用。情感智力也要通过教育来开发和提高，开发情感智力的实质就是让个体学会做人。只有既学会知识，又学会做人，才能更好地创新。因此，我们要改变过去轻视非智力因素的做法和忽视做人教育的状况，注意和培养个体的兴趣爱好，满足个体的好奇心，激发个体的求知欲、上进心，这些都能成为创新的原动力。要帮助个体学会与人相处，培养个体进行创造活动所必需的团结协作精神；要帮助他们学会用正确的态度、坚强的意志和宽广的胸怀对待困难和挫折，最终形成良好的创新品质。

（六）遵循"六解放"原则，树立创新意识

陶行知先生的教育思想可供我们借鉴，努力做到"六解放"，即解放个体的大脑，让他们去想；解放个体的双手，让他们去做；解放个体的眼睛，让他们去看；解放个体的嘴，让他们去说；解放个体的时间，让他们做自己喜欢做的事；解放个体的空间，让其自由发展。这样，学校的一切工作，都有利于学生的个性发展，有利于培养个体的主体意识和创新精神。比如让所有同学都有机会参与班级的管理，并鼓励他们在自己从事的组织管理工作中进行创新；建立跨班级的各类社团组织，使个体有机会自己管理自己，并为他们施展创造才能提供舞台，让他们学会独立地运用所有知识，为他人服务。

第二节　培养创新思维

创新并不是独立的、凭空的，它要依赖于大量信息的积累，更受到人的思维习惯的影响。要提高创造性思维能力，不仅要掌握那些带有创造性思维特点的思维形式，还要掌握基础性的思维方式。具体来说，创造性思维方法包括很多种。

创新思维是当下每个人都应该培养和具备的思维能力，它很大程度上决定了个体的发展。因为常规的思考和做事我们谁都会，但是以超常规或者反常规的视角去思考和处理问题就不是每个人都会的。

一、突破传统观念

（一）敢于突破传统观念思维的基本问题

发明创造过程中，常常会遇到一些比较复杂的问题。人们似乎认为对于复杂问题的解决，必然是一件复杂的事。产生这种观点的重要原因之一，就是传统观念的影响。要解决这类问题，就要通过突破传统观念来简化问题，使问题得到解决。

（二）利用直觉直接突破传统观念

直觉思维法是一种未经有意识的逻辑思维而直接获得某种知识的思维方法。直觉思维是一种潜意识思维，也是突破传统观念的有效手段。人们有时对某一问题的理解、某种认识的产生，并非经过严格的逻辑推理，而是由突然领悟获得的。直觉是人们在认识过程中，头脑中的某些信息在无意识的状态下经过加工而突然沟通时所产生的认识的飞跃，表现为人们对某一问题的突然领悟，某一创造性观念和思想的突然降临（灵感），以及对某种难题的突然解决。直觉思维是一种从材料直接达到思维结果的认识活动，是一种思考问题的特殊方法和状态。

（三）利用想象突破传统观念

人的创造性思维来自丰富的想象，创造想象是创造活动的先导和基础。好的创造成果无不起源于新颖独特的创造想象，它像大厦的蓝图，在大厦建造之前就勾画出了建造的成果。

二、变换思维角度

创造性思维的实现，需要适当改变思维的方向，变换思维的角度。传统的思维是一种正向的思维方式，要变换思维角度，就要采用逆向思维、侧向思维、合向思维和水平思考法，增加思维形式，促进思维的多样化。

逆向思维也叫反向思维，是一种创造性思维，它强调要从事物的反面或对立面来思考问题。逆向思维与正向思维相对应。逆向思维需要突破习惯性思路或思维定式。它是从事物常规的相反方面去探索思考问题和解决问题的一种思维方法。

侧向思维是指从其他离得很远的事物中，通过联想，获得启示，从而产生新设想的一种创造性思维方法。侧向思维必须具备一定的条件才能发挥作用。这个条件就是：所研究的问题必须成为研究者坚定不移的研究目标。只有在这种情况下，人的大脑皮层才会建立起一个相应的"优势兴奋灶"。由于"优势兴奋灶"有两个基本特征，即神经细胞对刺激的敏感性大大提高和脑细胞长时间保持兴奋状态，因此，一旦侧向思维受到某个偶然事件的刺激，就容易产生与思维相联系的反应，从而对所研究的问题形成新的设想，或者提出新问题，使侧向思维在创造性活动中发挥重要作用。

合向思维是一种简单实用的创造性构思法，将思考对象有关部分的功能或特点汇集组合起来，从而产生新设想的一种创造性思考方法，又称合并思维法、组合法。人们在发明创造中经常运用，在科学实践中取得了广泛的成果。合向思维的运用很广泛，不仅可以将物体与物体合并，创造出一系列新产品，也可以将某种科学技术同各种方法组合起来，从而形成一种新的解决问题的方法。

使用水平思考法解决问题时，思考者一般要在思维中做出一个非常简短的有意识或无意识的停顿，来考虑是否有可能替换方案或其他的做事方法。在思考或讨论一般问题时，有许多事被认为理所当然。在创造性解决问题过程中，停顿的实质是促使思考者稍做停顿去考虑某件事。

三、培养创新思维的途径

（一）限制创新思维的四个心理因素

1. 从众心理

从众就是服从众人，顺从大伙儿，随大流。别人怎样做，我也怎样做；别人怎样想，我也怎样想。我们仔细观察一下，人们很多的行为选择其实都是盲目从众的结果，而很少经过自己独立的深思熟虑。

2. 权威心理

很多时候，我们都会习惯于引证权威的观点，不假思考地以权威的是非为是非；一旦发现与权威相违背的观点或理论，便想当然地认为其必错无疑。可在当下的社会，存在很多假权威；即便是真权威，随着时间的推移，旧权威也会不断让位于新权威。

3. 经验心理

经验是个好东西,只要具有某一方面的经验,那么在应付这一方面的问题时就能得心应手。特别是一些技术和管理方面的工作,非要有丰富的经验不可,老司机比新司机能更好地应付各种路况;老会计比新会计能更熟练地处理复杂的账目。但是,对经验过分依赖或者崇拜,形成固定的思维模式,结果就会削弱头脑的想象力,造成创新思维能力的下降。从思维的角度来说,经验具有很大的狭隘性,束缚了思维的广度。

4. 书本心理

读书自然是件好事,可以丰富我们的知识、拓宽我们的视野,等等。但是我们也要认识到,"书"是作者个人的经验、思维所堆积的产物,而且书本知识反映的是一般性的东西。所以在看书学习的时候,我们不能不假思考地盲目相信和运用书本知识,这也就是孟子说的"尽信书不如无书"的道理。

(二)培养创新思维的五个方法

1. 用"求异"的思维去看待和思考事物

在我们的学习、工作和生活中,要多去有意识地关注客观事物的差异性与特殊性。不拘泥于常规,不轻信权威,以怀疑和批判的态度对待一切事物和现象。

2. 有意识地从常规思维的反方向去思考问题

如果把传统观念、常规经验、权威言论当作金科玉律,常常会阻碍我们创新思维活动的展开。因此,面对新的问题或长期解决不了的问题,不要习惯于沿着前辈或自己长久形成的、固有的思路去思考问题,而应从相反的方向寻找解决问题的办法。

3. 用发散性的思维看待和分析问题

发散性思维是创新思维的核心,其过程是从某一点出发,任意发散,既无一定方向,也无一定范围。发散性思维能够产生众多可供选择的方案、办法及建议,能提出一些独出心裁、出乎意料的见解,使一些似乎无法解决的问题迎刃而解。

4. 主动地、有效地运用联想

联想是在创新思考时经常使用的方法,也比较容易见到成效。我们常说的"由此及彼、举一反三、触类旁通"就是联想中的"经验联想"。任何事物之间都存在一定的联系,这是人们能够采用联想的客观基础,因此联想的最主要方法是积极寻找事物之间的关系,主动地、积极地、有意识地去思考它们之间的联系。

5. 学会整合,宏观地去看待

我们很多人擅长的是"就事论事",或者说看到什么就是什么,思维往往会被局限在某个片区内。整合就是把对事物各个侧面、部分和属性的认识统一为一个整体,从而把握事物的本质和规律的一种思维方法。

当然,整合不是把事物各个部分、侧面和属性的认识,随意地、主观地拼凑在一起,也不是机械地相加,而是按它们内在的、必然的、本质的联系,把整个事物在思维中再现出来的思维方法。

第三节　掌握创新方法

一、脑力激荡法

脑力激荡借助于集体思维的方式,使思想相互激荡,发生连锁反应,以引导出创新思维的方法。脑力激荡会议,通常以 18 人以下组成为宜。在班级中,可以小组方式分组实施,也可以全班参加,有时也邀请对这一问题有研究的人士参加,还可以邀请一些新人来,以转变班级的气氛,使讨论的方式不会呆板。

在教室中使用脑力激荡的步骤如下:

(一)选择说明问题

选择的问题范围要小,且有具有分歧性的答案。例如"怎样使教室保持整洁"或"替辅导室的信箱取一个名字"等问题,以一般同学所熟悉,且较简单,又可随便谈论的问题最恰当。

问题选妥后,教师应对这个问题加以说明,例如"信箱的名字",希望新奇活泼,让大家都喜欢。

(二)说明必须遵守的规则

(1)不要批评别人的意见。

(2)观点、意见越多越好。

(3)自由思考,运用想象力,容许异想天开的意见。

(4)能够将别人的许多观点,加以组合成改进的意见。

（三）组织并激发团体的气氛

班级人数一般比较多,使用脑力激荡术比较困难。因此,用分组的方式,由全班学生推选一位主持人,教师进一步激发讨论的气氛,也就是造成一个自由、愉快而学生又愿意表达的情境。

（四）主持讨论会议

各小组分开讨论,教师可提供下列问题,供脑力激荡时采用:

(1) 其他用途。它有哪些其他用途? 将它改良后有何其他用途?

(2) 改变。它像什么? 它提供哪些启示?

(3) 修改。如何将它扭曲成新的形状? 如何改变它的颜色、大小、形状、声音、气味?

(4) 扩大。能增加些什么而使它改变?

(5) 缩小。能不能使它变小、变短、变轻、变低? 能不能将它分割或删去某一部分?

(6) 代替。能不能将它改作其他用途? 能不能用其他材料代替?

(7) 重组。能不能将各部分交换? 能不能改变程序或重组因果关系?

(8) 反转。能不能将它反转? 能不能扮演相反的角色?

(9) 联合。能不能将各部分联合? 能不能将目标合并?

(10) 变形。能不能改变其形式? 能不能将它烧灼、钻洞、涂漆?

（五）记录大家所提出的意见或观点

每一小组应推选一位或两位记录人员,将小组成员的意见记录下来。

（六）共同定标准并评估,以选取最好的意见

脑力激荡术的使用,特别强调转缓判断及批评,以克服对于创造力的阻碍。这种技巧重在鼓励个体产生多种构想。希望这些构想能够引导个体想出具有创造力的构想,但最后仍须依据问题的目标定下评估的标准,以选取最好的意见采用。

案 例

讨论的问题:母亲节买什么礼物送给妈妈?

当问题提出后,尽量鼓励个体发表意见,教师将个体的意见罗列在黑板上。例

如个体提出的构想有：化妆品、自制卡片、可购买的卡片、鞋子、洋娃娃等礼物。教师询问母亲节送礼物给妈妈需要考虑哪些事，师生可共同提出一些评估的标准，然后依标准，按照暂时保留、修改、放弃、决定采用等评估的结果来选取适当的构想。

二、属性列举法

属性列举法就是列举所研究问题或物品的各种属性，然后提出各种改进属性的办法，使该物品产生新的用途。

（一）特性列举法

依物品的构造及其性能，按名词（物质、材料、制法……）、形容词（形状、颜色……）、动词（技能、相关动作……）特性列出，然后检讨每一特性可改良处。

例如：茶杯的特性，在名词方面有玻璃、塑胶、铝、不锈钢等；在形容词方面有不碎的、美观的、光滑的等；在动词方面有可折叠、可伸大缩小等。

（二）缺点列举法

把产品的缺点毫不客气地指出来，尽量挑毛病，再针对这些缺点设计改良。

例如："茶杯有什么缺点？"则有人会提出易破、烫手等缺点，接着问："如何改良这些缺点？""还有没有其他的方法来改进呢？""用哪种材料可代替？"……

（三）希望列举法

就某项物品积极地幻想，希望它还能有什么优点，姑且不论其可行或不可行，都将之列出，因为今日认为不可行的幻想，可能明日便成为可行。

三、形态分析法

形态分析法以结构分析为基础，再使用组合技术，来产生更多的新观念。以下六个步骤，作为实施的参考：

①选择各种要素；②列出每一要素的特性；③发展评估的标准；④考验许多组合；⑤检查核对其他的资源；⑥进一步找出最佳的构想。

案 例

如何设计一栋良好的房屋？

以房屋的形式为第一独立要素，有以下可变的元素：平房、楼房……

以房屋的形式为第二独立要素，有以下可变的元素：木造、砖造……

将两种元素结合，"木造平房、木造楼房、砖造平房、砖造楼房"等观念，使个体注意到表面无关的观念，设法将之结合成新观念。

四、六 W 检讨法

六 W 检讨法是对一种现行的办法或现有的产品，从六个角度来检讨问题的合理性：①为什么（why）；②做什么（what）；③何人（who）；④何时（when）；⑤何地（where）；⑥如何（how）。消极方面，它可以指出缺点之所在；积极方面，则可以扩大产品的效用。

六 W 检讨法按着问题性质的不同，用各种不同的发问技术来检讨。如果现行的办法经过这六个问题的审问，已无懈可击，答复圆满，便可认为此方法已经很合理。如果对六 W 之中某一 W 的答复不能感到满意，则表示在这方面尚有改进的余地。

五、分合法

分合法就是使熟悉的事物变得新奇（由合而分），使新奇的事物变得熟悉（由分而合）。

所谓"使熟悉的事物变得新奇"，也就是熟悉的事物陌生化。此一过程在于使个体用新颖而富有创意的观点，去重新了解旧问题、旧事物、旧观念，以产生学习的兴趣。例如，有一些谚语就是从另一个新奇的角度来解释一些熟悉的概念，就像我们很熟悉的"母鸡只是生蛋的一个工具"。

所谓"使新奇的事物变得熟悉"，也就是熟悉陌生的事物。此一过程，主要在于增进个体对不同新奇事物的理解，使不同的材料主观化。大部分的个体对于陌生事物的学习，多少都会有些压力。所以，面对陌生的事物或新观念时，可经由个体熟悉的概念来了解。通常可以用两种方式来熟悉陌生的事物。其一是分析法，先把陌生的事物尽可能划分成许多小部分，然后就每个小部分加以研究；第二个方法是类推法,即对陌生的事物加以类推,例如可问个体:"这个像什么呢?""它像你所知道的哪一样东西呢?"

六、检查表技术

"检查表技术"就是从一个与问题或题旨有关的列表上来旁敲侧击,寻找线索,以获得观念的方法。这是用来训练个体思维周密,避免考虑问题有所遗漏的一种方法。

此种技术的使用,可以先将问题列成一张分析表或像书目的大纲,然后写出大纲中每一项所需要处理或解决的要点,最后逐一考虑每一要点可供改变的方向。

另外也可使用一种"可能的解答表(possible-solution list)"的方法。可以用脑力激荡法提出各种可能的解决方法,将这些方案列表考虑;也可以就每一问题的要点,请教不同的人,将他们的意见列表——予以检核。

检查表的技术有助于脑力激荡的训练。美国的奥斯朋博士(Dr. Alex F. Osborn)在《应用想象力》(*Applied Imagination*)一书中列出 73 项问题,可作为检核推敲的线索。后来,经埃伯利(Eberle)简化,提出一种"奔驰"(SCAMPER)的设计表格,可供检查表使用。这种设计主要是用几个字的代号,来帮助我们了解并实际运用。SCAMPER 这几个字是取代(substituted,S)、结合(combined,C)、适应(adapt,A)、修改(modify,M)、作为其他用途(put to other uses,P)、除去(eliminate,E)和重新安排(rearrange,R)的缩写组合。

翻转课堂

案 例

1884 年,沃德曼是欧洲一家公司的职员,一次他从好几位竞争者中为自己的公司拉到一笔生意。但是当他递上一瓶墨水和一支当时人们使用的羽毛笔,请对方在合同上签字时,不料从笔尖滴下几滴墨水,把合同给弄脏了。更糟糕的是,合同上的关键字句被染得模糊不清。沃德曼只得请对方稍等片刻,让他去重新拿一张合同纸来。可是就在沃德曼离开的那一会儿,另一家公司的业务员趁机抢走了这笔生意。这使沃德曼十分沮丧,他认为问题出在那支羽毛笔上。强烈的悔恨与愤慨的感情,变成了一种巨大的力量,他决心研制一种使用方便、墨水能自动均匀流出的笔。经过努力,沃德曼终于发明了自来水笔。虽然当时的自来水笔远远不如现在的钢笔这样精巧,但也不再像羽毛笔那样使用不便和容易滴出墨水了。由于沃德曼是这样研制出自来水笔的,所以有人把自来水笔的诞生叫作"盛怒之后的发明"。

【主题】培养创新思维

【形式】通过课前的创新思维和上述案例学习,组建 3—5 人的学习小组讨论。

【目标】学习体验创新的过程,帮助学生对知识进行内化,培养学生的创新思维和能力,引导学生向深层次学习迈进。

【建议时间】30 分钟。

【活动步骤】组织课堂活动,包括知识巩固、交流讨论、作品展示、评价总结四个环节。

1. 对课前知识点进行简要回顾,帮助学生巩固记忆。

2. 根据学生在课前的学习情况,设置典型任务,组织学生以小组讨论或游戏的形式开展学习。教师可以参与各小组活动进行观察或与学生交流互动,针对不同学生的个性化问题提供辅导。

3. 学生以小组汇报形式进行作品展示或任务小结。

4. 教师组织学生对各小组完成情况进行互评,并对最后成果点评。

助力成长

辉煌十九大:创新驱动 增强中国持续发展动力

创新是引领发展的第一动力,是建设现代化经济体系的战略支撑。加快建设创新型国家,党的十九大报告进一步明确了创新在引领经济社会发展中的重要地位,标志着创新驱动作为一项基本国策,在新时代中国发展的行程上,将发挥越来越显著的战略支撑作用。

近些年,我们大力实施创新驱动战略,创新型国家建设硕果累累:天宫遨游、蛟龙潜海、天眼望星、悟空探测、墨子通讯等一大批重大科技成果相继问世,不断刷新中国智造的新纪录。这些超越了自己、实现了突破、代表了前沿或领先于国际的科技成果,使我们能够从一个长期以来在科技领域处于追赶者的中青角色逐渐转化为与先进国家并驾齐驱甚至在某些领域开始处于领跑者的角色,推动着以高铁、核电等为代表的中国制造将先进产能输送出去,促进了中国经济向中高端迈进。

创新位列新发展理念之首,居于国家发展全局的核心位置。党的十九大报告50余次提到创新,尤其是强调创新是建设现代化经济体系的战略支撑。这是源于对我国经济发展阶段的战略判断。我国经济已由高速增长阶段转向高质量发展阶段,正处在转变发展方式、优化经济结构、转换增长动力的攻关期。在这个关键时期,推动经济发展质量变革、效率变革、动力变革,提高全要素生产率,进而不断增强我国经济创新力和竞争力,都必须紧紧依靠创新驱动来实现。

实施创新驱动发展战略,对加快实现经济发展方式从数量型向质量效益型转变具有现实意义。创新成果转化为现实生产力,可以催生新产业新业态新商业模式,可以显著提升各生产要素的生产效率。以供给侧结构性改革为主线,提高供给体系质量,着力提振实体经济,显著增强我国经济质量优势等,这些在党的十九大报告中提到的建设现代化经济体系的重点任务,无一不需要创新驱动来发挥支撑作用。

实施创新驱动发展战略,对改善生态环境、建设美丽中国也具有积极意义。创新带来的高新技术用于改造提升传统产业、传统设备,提高生产效率,由此降低资源能源消耗,减少环境污染,解决发展不平衡不充分的一些突出问题,以一个更美丽的中国、更适宜的人居环境来满足人民日益增长的优美生态环境需要。

党的十九大报告从四大方面提出了实施创新驱动发展战略、加快建设创新型国家的具体举措。一是瞄准世界科技前沿,具有前瞻性、引领性的基础研究科技创新;二是旨在转化现实生产力,推动经济迈向全球价值链中高端的应用基础研究科技创新;三是有利于调动创新积极性,促进科技成果转化的科技体制机制创新;四是培养创新人才和创新团队的科技人才队伍建设。这四大方面,既有创新的"硬件"建设,也有创新的"软件"建设。尤其是"软件"建设,也就是体制机制创新,对创新驱动发展战略的深入实施将提供有效的制度保障,担负"兵马未动粮草先行"的重要角色。

总之,新时代中国发展进入新阶段,实施创新驱动战略,加快建设创新型国家,必然会为实现建设现代化经济体系的战略目标提供战略支撑,不断丰富中国制造、中国智造的内涵,为中国持续发展注入新动力。

——中青在线,2017 年 10 月 29 日

本章思考与讨论

1. 思考身边发生的典型创新事例,结合本章内容,分析其是如何运用创新思维的? 采用了哪些创新方法?

2. 在日常学习工作中,限制自身创新思维的不良心理因素有哪些? 如何克服上述不良心理因素?

3. 举例说明自己曾经成功或计划进行的小创新案例,并从创新意识、创新思维、创新方法三个方面进行过程分析。

本章学习日记

第九章
创业行动

本章学习目标

- 了解创业机会的含义,探讨创业机会的类型和特征;了解创业机会的来源,掌握发现创业机会的一般方法,关注发现和选择创业机会的原则。
- 掌握搭建合理的创业团队结构的方法,初步了解创业团队的股权结构设计。
- 了解创业计划书的作用和内容;掌握创业计划书的撰写方法和技巧。
- 了解创业过程中可能面临的风险种类,掌握基本的创业风险防范策略。

引导案例

"不安分者"眼中的商机

高中毕业后干起家电维修的小胡和小姜,以修收录机、电视机为生,但前者是一个经营上的"不安分者",后者则是一个循规蹈矩的"老实人"。不久前,小胡又突发奇想,寻找到新的商机:他发现当地的农民用上了自来水后,将来就有可能使用洗衣机,有洗衣机便会有维修洗衣机的业务需求。于是,他买回本地市场上常见品牌的洗衣机供周围的人使用,目的之一是让人们尝尝洗衣机的甜头,目的之二是学习洗衣机的结构、保养和维修。果不其然,一年后,一台台洗衣机进入农村,维修业务几乎全被小胡包揽了,而小姜只能眼睁睁看着自己失去一次扩大维修范围的机会。

一般人总是等机会从天降,而不是通过努力工作来创造机会。殊不知,人们遇到的问题和未满足的需要总是不断提供新的商机。优秀创业者的一个基本素质，就是善于从他人的问题中发现机会，主动把握机会。

【小组讨论】

好的创业机会有哪些识别途径？

第一节 寻找创业机会

案例

A、B两人同去一家专门制售皮鞋的企业应聘销售主管一职。在聘用前，企业将二人派往非洲某国考察市场。回来后：

A沮丧地说："该国根本没有市场，因为那里的人从不穿鞋子。"

B兴奋地说："该国是一个巨大的潜在市场，那里的人没有鞋子穿。"

假如你是这家企业的老板，你会录用谁？为什么？

对创业过程来说，真正的创业过程开始于商业机会的发现。如何从繁杂多变的市场环境中找到富有潜在价值的商业机会，进而开发并最终优化为新创企业，是创业研究的重要内容。

一、什么是创业机会

（一）创业机会的含义

创业机会也称商业机会或市场机会，是指有吸引力的、较为持久的工业、化工、电子、电气、通信、交通、汽车、航空、医疗、安全、建筑、文教办公、商业及家庭消费品等领域的有利于创业者的商业机会和适时的一种商务活动空间，并最终表现在能够为消费者或客户创造价值或增加价值的产品或服务之中。

（二）创业机会的类型

创业机会一般分为技术机会、市场机会和政策机会。

1. 技术机会

技术变化带来的创业机会，是最为常见的创业机会。具体表现形式主要有以下三类。

（1）新技术替代旧技术。

（2）实现新功能、创造新产品的新技术的出现。

（3）新技术带来的新问题

2. 市场机会

市场变化产生的创业机会主要有以下四类。

（1）市场上出现了与经济发展阶段有关的新需求。

（2）当期由于市场供给缺陷产生的新商业机会。

（3）先进国家（或地区）产业转移带来的市场机会。

（4）从比较中寻找差距，差距中隐含商机。

3. 政策机会

政府政策变化赐予创业者的商业机会，主要有以下两类。

（1）政策变化可能带来新的商业机会。

（2）政府相关政策的调整。

（三）创业机会的特征

1. 客观性和偶然性

创业机会是在特定条件下产生的，它是客观存在的。但是，机会的识别具有一定偶然性，如导入案例中的小胡，就是从村民用上了自来水这一现象中发现了商机。

2. 时效性和不稳定性

创业机会的持续时间受众多因素影响，如专利保护、先占优势、学习曲线等都会影响持续时间。

3. 均等性和差异化

市场机会在特定范围内对某一类人或企业是均等的；但是，不同个人和企业对同一市场机会的认识会产生差异；创业主体素质和能力不同，利用机会的可能性和程度也会产生差异。

二、发现创业机会的来源

创业机会的本质来源可以归纳成三个方面，分别是市场机会、政策机会和技术机会。从宏观的商业模式和行业发展的角度到微观的个人和产品的视角，我们又将发现创业机会的方式细分为模仿创新、重度垂直、从兴趣出发、发现痛点、定义场景五类。

（一）市场机会

市场经济的快速发展带来新的需求，而现有的市场无法满足这些需求，这就要求有创业者去创造新的企业来满足。根据国际经验，人均 GDP 超过 5000 美元时，文化消费在总消费支出中的比重会急剧增加。2015 中国人均 GDP 已经达到 8016 美元，因此未来中国的文化娱乐产业将迎来快速增长的阶段。

现有市场的结构出现了缺陷，市场并非一直处于绝对平衡之中，一旦市场的结构失衡，便需要新的创业者利用这个机会去寻找新的动态平衡。例如 O2O 便是利用互联网自由链接的特质，对各行各业的采购、生产制造和交付等环节的供应链进行重构，消除传统行业供应链中的多余节点，从而发现创业机会。

（二）政策机会

随着经济的快速发展，需求的不断改变，政府必须时刻跟随时代来调整政策。市场政策的变动使市场结构发生变化，新政策的出台或现有政策的修改都会为创业者们带来大量的创业机会。近年来，为拉动经济增长，促进中国经济转型升级，中国政府政策频出，这些政策对中国经济的拉动作用是毋庸置疑的，对于中国经济、中国企业，也会带来深远的影响。中国的商业企业，将会迎来一波政策红利。

由于二胎政策的全面放开，每年将会新增 100—200 万新生儿，预计 2018 年新生儿有望超过 2000 万人，其所蕴含的消费红利为每年 1200—1600 亿元，为母婴、医疗健康、在线教育等行业带来了很多的创业机会。

2014 年 7 月发布的《关于跨境贸易电子商务进出境货物、物品有关监管事宜的公告》从政策层面上承认了跨境电商。根据海关总署和中国电商研究中心统计的数据，2014 年海淘的用户数达到 1800 万，成交规模 1400 亿元。2018 年，市场规模甚至达到万亿级别，这为创业者们带来了大量的创业机会。

（三）技术机会

技术机会，简而言之就是技术的变化带来的创业机会。主要是科学技术的不断突破和前进，或产生新的技术，或对现有的技术组合进行重组，都会给创业者带来相应的创业机会。技术的变化主要体现在以下几个方面。

（1）新技术的产生代替了原有的事物。

（2）新技术直接带来了新功能、新服务和新产品。

（3）新技术在造福人类的同时带来新问题。

VR(Virtual Reality,虚拟现实技术)是一种可以创建和体验虚拟世界的计算机仿真系统,主要包括模拟环境、感知、自然技能和传感设备等方面。自2015年以来,VR便成为科技创业领域关注的热点,在美国和中国都涌现出大量的VR创业公司。尤其是中国,在整体资本市场遇冷的情况下,VR创新企业估值逆势上涨,纷纷获得数目不小的融资,发展势头强劲。2015下半年开始就已经有非常多的VR创业团队拿到了融资。从本质上来说,VR满足的更多的是极客和发烧友的需求,但到2016年为止还没有看到一个足够成熟、满足大众化需求的"杀手级"的VR产品,这也为未来的VR创业者带来了创业机会。

（四）模仿创新

互联网诞生于美国,发展、繁荣也由美国领头,所以很多新的技术、模式诞生于美国,美国在互联网上具有先发优势,国内绝大多数互联网企业身上带着国外同行的影子,参考借鉴了美国同行经验,虽然针对本土网民的个性化需求,做了种种本土化创新,但核心应用模式往往都是搬来的。

之前创业的企业都可以找到国外模式,如美国有了雅虎,中国有了新浪、搜狐;美国有了eBay,中国有了淘宝;美国有了亚马逊,中国有了当当;美国有了Google,中国有了百度;美国有了Twitter,中国有了微博;美国有了Groupon,中国有了"百团大战"。这些创业机会可以总结为复制型机会和改进型机会。而创新性机会(互联网原创模式)在未来将创造更多机会,下一代企业将更多带有中国特点,阿里巴巴就是一个典型例子。

表9-1 国内互联网创业机会特点

中国网站	美国模式	机会发现	特点
新浪、搜狐	雅虎	发现门户网站在中国的机会	复制型
淘宝	eBay	C2C在中国市场的空白	复制型
当当	亚马逊	直接拷贝亚马逊B2C模式	复制型
百度	Google	搜索引擎的本土化创新	改进型
微博	Twitter	Twitter是微博鼻祖	复制型

中国网站	美国模式	机会发现	特点
开心网、人人网	Facebook	社交网站的本土化	复制型
团购网站	Groupon	Groupon 本土化	改进型
腾讯	QICQ	无意之举	改进完善
阿里巴巴		警觉性	B2B 创新
移动互联网		之前中国互联网创业者模仿的对象往往是已经被证明的、成功的商业模式，而移动互联网方面更多是只要硅谷有新模式被炒作，中国就迅速出现模仿者	复制型和改进型

最近也正在发生一些微妙变化，Copy to China(C2C)很难奏效，同时海外产品开始向中国同行取经，"to China Copy"（2CC，即到"中国复制"）兴起，移动互联网时代的中国玩家们获得了逆袭的机会。Facebook 最近推出 Hello 功能对国内软件搜狗号码通进行了不少模仿。Google 这一曾经引领全球科技的创新机器，开始跟随中国同行. Google 上线了，在搜索结果中买票的功能，可以通过内容搜索到 App，在结果页直接安装，百度上线对应功能比它早了一年以上且做得更深。这些都是 2CC 的典型。所以，创业者在借鉴国外互联网公司先进产品的同时，也可以多关注中国本土互联网公司的发展，新一代成功的互联网创业公司都必将带有强烈的中国特色。

从 C2C 和 2CC 中，我们发现可以通过对比国内外市场的发展，从中比较不同的商业模式和技术创新，找出国内市场的空白，发现创业机会。例如很多中国的初创公司都是模仿美国互联网公司的技术或商业模式，借鉴国外市场的市场经验，进行一定的微创新，完善国内市场，从而发现了创业机会。

（五）重度垂直

垂直领域，指的是房产、家居、汽车、旅游、教育和医疗等大宗非标准化的消费品领域。针对这些商品的购买，占据了我们日常生活中消费金额最大的部分。

互联网产业结构为"倒金字塔"，只会有少量的企业来提供基础服务，会有一定数量的大企业抢占流量入口。对创业者来说，更多的创业机会在垂直领域的应用与服务。从"互联网＋"创业机会来源便可以看出，由于百度、腾讯、阿里等大型互联网公司的平台垄断，未来很多的创业机会都将出现在垂直的细分市场。互联网几大垂直细分领域如垂直电商、垂直餐饮 O2O、垂直上网导航、垂直女性健康都有创业者的身影。

虽然当前的互联网市场大多已被平台型的互联网公司垄断,稍小的互联网公司也各自选边站队,越来越多的细分领域被阿里、百度、腾讯、京东、360等巨头涉足。然而,从另一个角度来看,这些巨头也正在为未来的创业者建造越来越完善的互联网基础设施,创业者们借助这些便捷的创业平台便可以打开垂直领域的市场。

有人曾这样评价互联网:"互联网只有一个面,叫外面。互联网没有什么上面下面左面右面前面后面,没有什么高下之分,传统社会是个金字塔,互联网社会就是根狼牙棒,大圆球上无数个尖刺,找一个位置长出来你就是好样的。"垂直领域的创业正是在互联网的狼牙棒上长出的一根根尖刺,只要能够在某一个领域为用户带来专注的服务、极致的体验,便能在互联网生态系统中生根发芽。

(六)从兴趣出发

创业者通过发现自己的兴趣、渴望、理想,专注地去发挥自己最擅长的那个部分,便将会为整个创业过程提供持续的行动力,创造和贡献出自己的价值。对一个行业,一个产品或某件事物感兴趣,创业者更有动力去实现创业的目标。大量的创业者根据个人兴趣去发现互联网创业机会。

案 例

在2006年,陈罡还在新浪工作,他的多年好友吕刚同样也是一名公司人,两人最大的爱好就是旅行。在朋友圈中,两人都是知名的自助旅行"达人",常常热心给朋友们散发旅行攻略。尽管当时互联网已经很发达,各种各样的网站、旅行论坛、博客都是旅行信息的来源,然而他们在使用各种产品的过程中却总是觉得"别扭",不能很好地满足自己的需求。于是,两个朋友一拍即合,很快开发出了分享旅行经验的公益性社区"蚂蜂窝"。

(七)发现痛点

很多情况下,发现痛点是互联网创业的起点。痛点,往往是因为现有的资源或者条件无法满足自己的需要,换言之,就是这方面暂时没有人去做或者做得不够好,这就是一个新的商业机会。结合互联网的技术手段,寻找拥有相同痛点的人,解决痛点,就是极佳的互联网创业出发点。

案 例

邢帅,读不起大学是他曾经的痛点,于是他就办一所学校,让所有人花最少的钱学一门技术。2008 年邢帅网络学院成立,提供以就业为目标的技能、考证培训。2009 年,YY 网络语音聊天室开始火热,邢帅把 YY 引入互联网教学行列。邢帅网络学院以老师在线直播讲课为主,辅之以录制视频教学,开设科目达几十种。目前全职、兼职辅导老师和员工团队近 600 人,在院学生超过 10 万。2013 年 7 月,邢帅获得 1500 万元人民币的 A 轮融资。

那么,到哪里去找痛点呢?从抱怨里找。只要注意倾听和发现,就会从生活中听到各种人的抱怨。抱怨食品卫生,抱怨交通路况,抱怨孩子上学,抱怨工资少,等等。这些都是寻找痛点、发现互联网创业机会的绝佳切入点。

(八) 定义场景

"场景",本来是一影视用语,指在特定时空内发生的行动,或者因人物关系构成的具体画面,是通过人物行动来表现剧情的一个个特定过程。不同场景,意义大不一样。

当"场景"这个词被应用在互联网领域中时,场景常常表现为与游戏、社交、购物等互联网行为相关的、通过支付完成闭环的应用形态,通常称之为应用场景。其中能够触发用户沉浸式体验或者能够使用户长时间停留的应用形态,如视频、游戏、微信,可以被理解为超级入口;能够应用微信支付或支付宝完成交易的购物、用车、本地团购等场景可以被理解为支付场景。

不同群体中的不同个体被场景连接在一起。这种连接所创造的独特价值,会形成体验、促成消费甚至创造个体生存意义。这种场景表现在互联网上则是更加具体的支付场景和应用场景,譬如通过百度地图直接链接到滴滴出行的订单页面,或者在美团、饿了么下单外卖。

三、发现创业机会的常见方法

(1) 巡街法。到街上多走、多看、多听、多问,看一看什么样的门面、什么样的行业最旺,什么样的产品或服务最旺。

(2) 异地领悟法。可到高一级的城市去看一看,换一个环境和思维,看哪些项目有市场潜力。

（3）人际关系法。在人际关系交往中发现信息,多与成功的创业者进行交流,在他们那里寻找商机。

（4）通过创造获得机会。这种方法在新技术行业中最为常见,它可能始于明确未满足的市场需求,从而积极探索相应的新技术和新知识;也可能始于一项新技术发明,进而积极探索新技术的商业价值。通过创造获得机会比其他任何方式的难度都大,风险也更高。同时,如果能够成功,其回报也更大。这种情况下所产生的创新在人类具有重大影响的创新中,居于压倒性的主导地位。

四、发现和选择创业机会的原则

寻找到好的且又适合自己的创业机会主要有两条原则,一个是要从自己的专长出发,另一个是从顾客的需求出发。

在发现和选择创业机会时应当沿着这两条原则进行企业构思。如果只从自己的专长出发,却不知道是否有顾客,创业就可能会失败。同样,如果仅有顾客,但却没有能生产出或提供出比竞争对手更好的产品或服务的能力或资源,创业也不会成功。所以,发现市场机会除了创业或顾客有需求外,还要有执行创业机会的能力和资源。

案 例

牛超群的电商创业

牛超群是威海职业学院 2005 级电子商务专业的一名毕业生,现实中他性格比较腼腆内向,与人沟通能力稍显欠缺,但他擅长在网上与人交流,而且互联网思维强。大学毕业后利用自己专业所学的知识和技能,结合威海市当地渔具资源在全国渔具产业的优势,选择了开淘宝店卖渔具进行电子商务创业。在自己擅长的领域,又善于网上与人交流,再加上中国渔具市场需求旺盛的外部环境,他用了不到两年时间就发展成为年销售额近 1 000 万元的淘宝卖家。再后来他注册了自己的商标,并打造了属于自己的品牌,现已成长为威海渔具行业里一名小有名气的创业者。

【点评】

牛超群在进行创业项目选择时围绕自己的性格特点,从专业长处出发,又结合了威海产业优势和市场需求旺盛这一外部环境机会选择创业项目,所以牛超群的创业过程较为顺利。可见,创业项目的选择对于创业能否成功具有非常重要的影响。

五、创业机会的评价

有的创业者认为自己有很好的想法和点子,对创业充满信心。有想法、有点子固然重要,但是并不是每个大胆的想法和新异的点子都能转化为市场机会。

创业者对机会的评价来自他们的初始判断,而初始判断通常就是假设加简单计算。这种直觉的商业判断,有时候是简单有效的。但对于一般创业者而言,这种判断显得有些武断,甚至不够科学。

蒂蒙斯创业机会评价体系,给我们提供了一套系统的评价框架和可量化的指标体系。该评价框架,涉及行业和市场、经济因素、收获条件、竞争优势、管理团队、致命缺陷问题、个人标准、理想与现实的战略差异等 8 个方面的 53 项指标。通过定性或量化的方式,创业者可以利用这个体系模型来评价一个创业项目或创业企业的投资价值和机会。

蒂蒙斯创业机会评价体系主要是基于风险投资商的风险投资标准而建立的,这与创业者的标准还存在一定的差异。这些评价标准经常被风险投资家使用,创业者可以通过关注这些问题而受益。该评价体系的运用,要求使用者具备敏锐的创业嗅觉、清晰的商业认知、丰富的管理经验和系统的行业信息,要求比较高。所以,基于蒂蒙斯创业机会评价体系的提出背景与局限,可以筛选出符合国情环境、行业特征与评价者特质的精简化的指标体系。

无论采用何种评价体系和评价方法,都需要考虑创业机会评价的基本标准。研究指出,评价创业机会至少有以下 5 项基本标准。

(1) 产品有明确的市场需求,推出的时机也是恰当的。

(2) 投资的项目必须能够维持持久的竞争优势。

(3) 投资必须具有一定的高回报,从而允许一些投资中的失误。

(4) 创业者与机会之间必须相互合适。

(5) 机会中不存在致命的缺陷。

同时,结合互联网创业的特点,可以进一步提炼出应用于互联网领域的创业机会评价指标(如表 9-2 所示)。

表 9-2　创业机会评价指标

财务指标	顾客	内部因素	创新与成长
预期内部回报率 预期投资回报率 投资回收周期	市场接受性 市场规模 市场结构 成　本 价　格	创业者素质 管理层素质 创业者的资源 致命的缺陷	创业者的潜力 创业团队的潜力 机会的持续性 环境适应能力 抗风险能力

六、创业机会的开发

（一）创业机会开发的概念

当创业者完成创业机会的识别后,确认对此创业机会进行投资,那么接下来就是创业机会的开发过程。创业机会的成功开发意味着建立新的企业,这与产品的开发有着本质的区别。从广义上来讲,完整的创业机会开发过程应当包括创业机会的识别、创业机会的评价和创业机会的开发,其中创业机会的评价在整个过程中的每个环节都会有所体现。

（二）创业机会开发模型

"创业教育之父"蒂蒙斯提出了创业过程模型,其主要内容有:创业过程有创业机会、创业团队、创业资源三个主要部分。其中创业机会是整个创业过程的核心部分,创业团队是创业过程的驱动者,创业资源是促使创业过程获得成功的必要条件。创业资源是指新创企业在创造价值的过程中需要的特定的资产,包括有形与无形的资产,它是新创企业创立和运营的必要条件,主要表现形式为:创业人才、创业资本、创业技术和创业管理等;创业过程是创业机会、创业团队和创业资源三者之间互相匹配和平衡的结果,但是三者之间的绝对平衡是不存在的,创业过程最终能够健康发展,必须追求一种长期有效的动态平衡(如图 9-1 所示)。

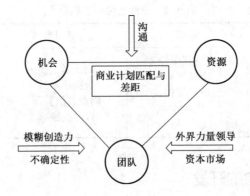

图 9-1 蒂蒙斯的创业过程模型

(三) 创业机会开发过程

对于大多数的创业者来说,要想创建企业来获取利润,机会利用是一个必要的步骤。在这个过程中,先探索后开发无论从理论上还是实践中都被认为是在创业过程中具有里程碑效果的连续事件。机会的探索是一个多层次的活动,在这个过程中,要完成对产品、初始机械设备和市场的测试;开发过程要启动生产或规模化运作,运用企业资源充分保障商业系统的有效运作。在企业的运作中,机会的利用来自机会开发的最大化回报。为确保机会价值的最大化,创业者在考虑未来环境情景时,需要寻求机会和最优战略间的匹配。其间,创业者需要考虑应该占领哪个市场位势;需要获取、开发和利用哪些资源和能力;需要实施什么样的机会开发策略;需要哪些应对未来机会的准备,等等。

翻转课堂

【主题】发现市场机会。

【目标】运用发现市场机会的方法,学会挖掘市场机会。

【活动步骤】

表9-3 发现市场机会

步骤一	采用随机的方式进行分组,每组 6—8 人为宜
步骤二	各小组综合运用市场机会的来源、发现原则和方法等知识,进行讨论,小组产生不少于两项较为可行的且具有广阔前景的市场机会
步骤三	小组讨论要包含以下几个方面:①发现的市场机会有哪些;②将要提供的产品或服务是什么;③目标顾客是谁;④发现的市场机会面临哪些优势和劣势,又有哪些机会和威胁
步骤四	小组派代表总结发言,老师进行点评总结

第二节　组建创业团队

柳传志指出:领军人物好比是阿拉伯数字中的 1,有了这个 1,带上一个 0 就是 10,带上两个 0 就是 100,带上三个 0 是 1 000。

案 例

"十条军规"

创业是追梦的过程,也是点亮更多梦想的过程。在济南有一个"薯立方",一家只做薯类产品的全国连锁企业,他们拥有 140 多款薯类产品,目前全国直营加连锁店的数量达 800 多家。薯立方的创始人宋章峰,威海职业学院经济管理专业毕业,他用平凡的地瓜创造出了商业奇迹,不仅实现了自己的创业梦想,也点亮了越来越多创业者的梦想。

薯立方的团队叫作"薯仔战队"。这是一支年轻的、有战斗力的团队,团队成员 80％都是"90 后",有激情,敢拼搏。他的团队讲求实效,这从"薯立方"的"十条军规"中也可以看出来。第一条,你进入的是一家讲究实效的企业,请用你的业绩说话;第二条,如果你想离开,请带上你的能力和奖金;第三条,在你发出抱怨之前,先想一想同等条件下优秀者是怎么做的;第四条,企业永远喜欢这样的员工,面对困境,有原因分析,更有解决方案;第五条,昨天的经验已成为今天的障碍,唯有不停地学习与进步;第六条,企业生存的价值只有一条,全心全意为客户服务;第七条,被拒绝是家常便饭,唯有不停学习与进步;第八条,全世界成功者的特点只有四个,喜欢贡献、自信、悟性、德行;第九条,我们无视你的背景、文凭和经验,唯有贡献才有价值;第十条,行业竞争之道,为客户创造价值。

宋章峰非常重视团队建设管理。定期组织团队活动,为员工制订生命计划、职业规划等,他都亲力亲为。因为在他看来,整个团队的凝聚力和融洽度对团队的工作效率至关重要。在员工的日常管理上,"薯立方"没有采用"一犯错就扣工资"的老派做法,而是采用"积分制"。例如,早上迟到会扣一分,但是如果为公司提出一条可行性建议就会相应地加一分,这样就形成了比学赶超的氛围。

【点评】

(1)"一个好汉三个帮",宋章峰的成功创业离不开创业团队"薯仔战队"的精诚配合。

(2)"薯仔战队"能持续具有战斗力,"十条军规"功不可没。

创业容易守业难。一个成功的企业背后必须依靠一支充满战斗力的团队的支撑。团队在创业过程中具有极为重要的意义,它是企业的魂,是企业最终成功的重要保证,多数高成长企业是由团队建立起来的,但是,创业团队管理是一门艺术,如何让公司生存得更长久是每一个创业者都应不断思考的问题。

一、创业团队的优势和结构

(一)创业团队概念

现代企业,需要的是少走从前的弯路,而从一开始就走规范化管理道路,因此创业者在注册公司时就应该组建创业团队。创业团队,是指为了创业的目的,或者创业过程中某一阶段的目标而组建的一个相互协作、有稳定组织结构的群体,团队成员共享创业利益、共担创业风险。创业团队是一个特殊的群体,团队成员应目标一致,相互负责,做到资源、能力互补,团队的工作绩效应远超个体独立工作绩效之和。

(二)创业团队的重要性

一个好的创业团队对企业的成功起着举足轻重的作用,团队成员之间的互补、协调以及与创业者之间的补充和平衡,对创业企业起到了降低管理风险、提高管理水平的作用。具体而言,具体表现在以下四个方面。

(1)创业团队是决定企业能否获得资金的主要因素,同时也是风险投资的最大风险考虑要素之一。美国风险投资研究专家杜罗特曾认为:"投资具备一流的创业团队、二流的想法的公司远胜于投资拥有一流的想法、二流的团队的公司。"

（2）创业团队能克服创业过程中的资源约束。新创企业往往面临诸多困难，团队的力量在解决人员能力、资金、客户关系狭窄等方面有巨大优势。

（3）创业团队的机会识别、开发和利用的能力较强。群体智慧的力量有助于提升企业发展的战略决策质量，有助于用创新的方式方法解决企业发展中的各种复杂问题。

（4）创业团队以平等为基础的控制替代等级控制。管理方式不是花费精力和时间直接控制劳动力，而是成员自我管理。

二、合理的创业团队组成要素

合理完善的创业团队需具备五个重要的组成要素，称为"5P"。

（一）目标（purpose）

创业团队应该有一个既定的共同目标，为团队成员导航，知道要向何处去，没有目标的团队就没有存在的价值，所以人们经常说聚在一起的有目标的成员称为团队，没有目标的只能称之为团伙。目标在创业企业的管理中以创业企业的远景、战略的形式体现。确立明确的团队发展目标，在团队组建过程中具有特殊的价值。

（二）人（people）

人是构成创业团队最核心的力量。三个及三个以上的人就形成一个群体，当群体有共同奋斗的目标就形成了团队，在一个创业团队中，人力资源是所有创业资源中最活跃、最重要的资源。应充分调动创业者的各种资源和能力，将人力资源进一步转化为人力资本。目标是通过人员来实现的，所以人员的选择是创业团队中非常重要的一部分。在人员选择方面要考虑人员的能力如何，技能是否互补，人员的经验如何。企业的成长是人才成长的一个集中体现，企业的成功也是人才的成功，为了企业的发展，创业者要善用各种人物，只有在充分识别的基础上恰当使用，扬长避短，合理配置，才能最大限度地发挥他们的作用。人有所长，亦有所短，创业伙伴之间的优势最好呈互补关系，选择的时候要看清其长，以后也要学会包容其短。

（三）创业团队的定位（place）

创业团队的定位包含以下两层意思。

1. 创业团队的定位

创业团队在企业中处于什么位置,由谁选择和决定团队的成员,创业团队最终应对谁负责,创业团队采取什么方式激励下属。

一个团队要有一种整体角色定位的意识。我们这个团队的属性是什么,它所在行业的特性,清晰知道团队是一个工作任务型团队还是一个事业开拓型团队。

2. 个体(创业者)的定位

作为成员在创业团队中扮演什么角色,是制订计划还是具体实施或评估。是大家共同出资,委派某个人参与管理;还是大家共同出资,共同参与管理;或是共同出资,聘请第三方(职业经理人)管理。这体现在创业实体的组织形式上,是合伙企业或是公司制企业。

在团队中的每个人需要明白适合自己的位置。认识好自身的角色定位,在团队磨合中真挚地沟通,慢慢将自己的人生价值定位明晰,这样创业就会更接近成功。

(四)权限(power)

创业团队当中领导人的权力大小与其团队所处的发展阶段和创业实体所在行业相关。一般来说,创业团队越成熟,领导者所拥有的权力相应越小,在创业团队发展的初期阶段,领导权相对比较集中。

(五)计划(plan)

计划具有两层含义。

(1)目标最终的实现,需要一系列具体的行动方案。可以把计划理解成达到目标的具体工作程序。

(2)按计划进行可以保证创业团队的顺利进度。只有在计划的操作下,创业团队才会一步一步地贴近目标,从而最终实现目标。

三、创业团队的组建程序

创业团队的组建是一个相当复杂的过程,不同类型的创业项目所需的团队不一样,创建步骤也不完全相同。概括来讲,大致的组建程序如下。

（一）明确创业目标

创业团队的总目标就是要通过完成创业阶段的技术、市场、规划、组织、管理等各项工作实现企业从无到有、从起步到成熟。总目标确定之后，为了推动团队最终实现创业目标，再将总目标加以分解，设定若干可行的、阶段性的子目标。

（二）制订创业计划

在确定了一个个阶段性子目标以及总目标之后，紧接着就要研究如何实现这些目标，这就需要制订周密的创业计划。创业计划是在对创业目标进行具体分解的基础上，以团队为整体来考虑的计划。创业计划确定了在不同的创业阶段需要完成的阶段性任务，通过逐步实现这些阶段性目标来最终实现创业目标。

（三）招募合适的人员

招募合适的人员也是创业团队组建最关键的一步。关于创业团队成员的招募主要应考虑两个方面：一是考虑互补性，即考虑其能否与其他成员在能力或技术上形成互补；二是考虑适度规模，适度的团队规模是保证团队高效运转的重要条件。团队成员太少则无法实现团队的功能和优势，而过多又可能会产生交流的障碍，团队很可能会分裂成许多较小的团体，进而大大削弱团队的凝聚力。一般认为，创业团队的规模控制在 2—12 人为最佳。

（四）职权划分

为了保证团队成员执行创业计划、顺利开展各项工作，必须预先在团队内部进行职权的划分。创业团队的职权划分就是根据执行创业计划的需要，具体确定每个团队成员所要担负的职责以及所拥有的权限。团队成员间职权的划分必须明确，既要避免职权的重叠和交叉，也要避免无人承担造成工作上的疏漏。

（五）构建创业团队制度体系

创业团队制度体系体现了创业团队对成员的控制和激励能力，主要包括团队的各种约束制度和各种激励制度。

（1）创业团队通过各种约束制度（主要包括纪律条例、组织条例、财务条例、保密条例等）指导其成员避免做出不利于团队发展的行为，从而对其行为进行有效的约束，保证团队的稳定秩序。

（2）创业团队实现高效运作需要有效的激励机制（主要包括利益分配方案、奖惩制度、考核标准、激励措施等），使团队成员能看到随着创业目标的实现，其自身利益将会得到怎样的改变，从而达到充分调动成员的积极性、最大限度发挥团队成员作用的目的。要实现有效的激励，首先就必须把成员的收益模式界定清楚，尤其是关于股权、奖惩等与团队成员利益密切相关的事宜。

需要注意的是，创业团队的制度体系应以规范化的书面形式确定下来，以免带来不必要的混乱。

（六）团队的调整融合

完美组合的创业团队并非创业一开始就能建立起来的，很多时候是在企业创立一定时间以后随着企业的发展逐步形成的。随着团队的运作，团队组建时在人员匹配、制度设计、职权划分等方面的不合理之处会逐渐暴露出来，这时就需要对团队进行调整融合。由于问题的暴露需要一个过程，因此团队调整融合也应是一个动态持续的过程。

四、创业团队的股权结构设计

（一）股权结构类型

在创业企业中，由于股东的种类以及持股比例不同，从而导致不同的股权结构。概括起来，主要有以下三种类型。

1. 高度集中型股权结构

在这种股权结构下，绝大多数股票掌控在少数股东手中，尤其是第一大股东往往持股数目非常大，占有绝对控股地位，掌握公司的控制权。相对于这些大股东，其他股东只有公司少量的股票，在企业的经营决策、利润分配等方面都受制于大股东。在创业企业中，这种股权结构占多数。

2. 适度分散型股权结构

在这种股权结构下，既有一定的股权集中度，又有若干大股东存在，主要是机构法人互相持股，控股者也多为法人股东。这种股权结构能促使股东适度、有效地行使最终控权，既不忽视权力，又不滥用权力，从而有效地解决"委托—代理"关系下效率损失的问题。这是一种较为合理的股权结构。

3. 过度分散型股权结构

在这种股权结构下,有相当数量的股东持有相当数量的股票,不存在大股东,股权高度分散,股东之间容易出现互相推诿、"搭便车"的现象,也就容易造成公司的控制权实际上掌握在经营者手中,即所谓的"内部人控制"的现象。

(二)股权结构的设计原则

1. 人力资本所有者与投资人共同分享利润

对于高科技企业而言,技术和产品的完整结合是完成产品研发和企业发展的必要条件,因此,企业获得的利润是人力资本所有者和投资人共同的贡献,人力资本所有者和投资人共同分享利润是合理的。两者之间的分配比例最终由其反复博弈后而定。

2. 采用期权制度

因为创业企业在研发新产品、销售产品的过程中不仅要产生现金利润,同时还要产生无形资产,因此,人力资本所有者和投资人按比例分享企业的无形资产是合理的。但是,与现金利润不同的是,无形资产往往是和企业的发展联系在一起的,以企业为载体,难以分割。只有企业的股东才有权利享受企业的无形资产。因此,要想让人力资本所有者能像投资人一样享受企业的无形资产,就要想办法让人力资本所有者变成企业的股东。其中,比较有效的方法就是期权制度,也就是说,人力资本所有者首先得到的就是分红权和在一定时间内按原始价格收购一定比例股权的承诺,技术人员分到红利以后,从投资人手中收购部分股权,成为投资股东,再按原定比例与投资人一起分享企业的所有利润。

3. 遵循股权动态变化的原则

对于创业企业而言,他们是在不断发展的,这就需要不断地为企业输入新鲜血液,不管是人力资本还是非人力资本,对于新加入的投资人和人力资本所有者,他们也要参与企业的股权分配,这就要求企业的股权比例呈现动态变化。

| 翻转课堂 |

【主题】组建最佳团队。

【目标】掌握创业团队组建的原则和基本方法。

【活动步骤】

1. 制作广告

假设你想寻找合伙人共同创业,创办一家快餐连锁企业,请拟一份征集合伙人的广告。注意以下几个方面。

(1) 你是召集人,不一定是领导者。

(2) 创业的初始目标、计划。

(3) 你掌握的资源及你需要的资源。

(4) 所需伙伴的数量和特点。

(5) 你对股权分配、团队管理的设想。

(6) 有吸引力的回报及可能的风险。

(7) 其他你认为需要说明的问题。

2. 三分钟演讲

(1) 张贴你的广告,并用三分钟演讲宣传你的优势,吸引同学加入你的团队。

(2) 同学共同评估,选出几位同学做团队创建者,并自愿加入一个团队。

3. 评估团队结构

从以下四个方面,分析哪个团队组成更好。每项 25 分,哪个队的分数高?落后的队谈谈将如何赶超对方。

(1) 团队成员加入的目的。

(2) 团队成员的知识结构。

(3) 团队成员的性格、个性、兴趣。

(4) 团队成员的价值观念。

4. 确定团队成员

团队创建者可以根据团队成员对下面五个问题的解答情况,决定其去留。

(1) 团队中唯一权威主管问题。

(2) 团队成员间的相互信任问题。

(3) 妥善处理不同意见和矛盾。

(4) 合理分配股权问题。

(5) 妥善处理团队成员间利益。

然后请团队中的一个成员,对本团队做出最后调整(增人或减人)。

5. 团队展示

各团队经过讨论,完成下表,并进行集体展示。

表 9-4　团队展示表

团队名称	
设计 LOGO	
团队口号	
团队愿景	
创业项目	
团队领导者	
团队成员及分工	
团队管理制度	

6. 推选最佳团队

重新评估这几个团队,推选出最佳团队。

第三节　撰写创业计划书

"仅仅有创意是不够的,创意不能持久,必须把创意落实为行动。"一份缜密、可行的商业计划书可以将一个不错的创意转变成一个成功的企业。商业计划书是获取风险投资的"敲门砖",也是一份全方位的公司计划,是对公司或拟建立公司进行宣传、分析和融资的文件。在创业之初,一份完善的商业计划书不仅可以帮助创业者分析创业过程中的主要影响因素,还可以成为创业者在创业过程中的行动指南和风险监控手段。

一、商业计划书的概念

商业计划书(BP,Business Plan),是企业或项目单位为了招商融资或其他发展目标,在前期对项目进行科学调研、搜集与整理有关资料并分析的基础上,按照一定的内容、格式要求所编写的向投资者全面展示公司和项目目前状况、未来发展潜力的书面材料。商业计划书以书面的形式全面描述企业业务,包括产品服务、生产工艺、市场和客户、营销策略、人力资源、组织架构、对基础设施和供给的需求、融资需求以及资源和资金的利用等诸多方面。

二、商业计划书的作用

无论是把新技术转变成新产品,把新创意发展成新公司,还是对现有公司进行重组改革,都离不开创业计划书。在创业之初,一份完善的商业计划书不仅可以帮助创业者分析创业过程中的注意影响因素,还可以成为创业者在创业过程中的行动指南和风险监控手段。具体来说,商业计划书可以起到以下几方面的作用。

(一)全面认识自身产品或自身企业

通过制订相应的商业计划,创业者会对自己企业的各个方面有全面的了解,同时理解商业机会的本质。在制订计划的过程中,创业者可以更全面地分析目标市场的潜力和风险、竞争环境,以及财务需求。商业计划书的制订能使创业者对自身有全局了解,能够协调方方面面,未雨绸缪。

(二)吸引投资人,拿到融资

一份高质量的商业计划书同时也是企业获取投资的一块"敲门砖"。对于希望获得金融机构融资的创业者来说,严谨全面的商业计划书在企业获得贷款上可以起到很大作用。

(三)向合作伙伴提供信息

使用商业计划书,能够增强创业者对自身企业情况介绍的表述能力,在对外发展时,可以有效地为业务合作伙伴和其他相关机构提供信息。

(四)参加创业大赛项目评选

商业计划书可以作为创业项目成果展示的一种形式,让评委老师更加清晰地了解参赛创业项目的具体信息,同时也可以吸引评委对自己的项目进行投资。

三、商业计划书的类型

商业计划书根据其目的的不同有不同的形式。不同形式的商业计划书之间最大的差异是长度和详细程度。

（一）普通商业计划书

如果需要外部资金,商业计划书的对象就是股权投资者或贷款人,其长度为25—40页。这类计划书也适用于对新员工的争取,也有助于向新供货商、新客户等利益相关方宣传企业价值。创业者需要认识到这些利益相关方,尤其是像风险资本家和专业贷款人这类的专业股权投资人。

（二）操作计划书

这个主要针对创业者和整个创业团队,用于引导项目的筹备、启动和初期增长。这类计划书没有页数的特别规定,但通常都超过80页。这类计划书与前一类计划书的基本组织格式相同,不同的是操作计划书要更为详细。通过这些详尽的筹划,创业者才能真正深入理解问题的方方面面,而这种深入的理解对如何打造、经营企业是非常重要的。

（三）脱水型商业计划书

这种计划书比前两种都短很多,一般不超过10页。这种计划书的目的都是提供对于这个企业的初步概念,是对人员、机会及财务要求等方面情况的简明描述。这样的计划书能检测他人对创业灵感的初始反应。这也是创业者能与其朋友分享的文件,可以通过这种分享获取一些反馈信息,从而决定是否要花更多的时间与精力来准备比较详细的商业计划书。

拓展阅读

"迷你版"创业计划书

七句话说明问题。

（1）清晰地描述你的商业模式——落点为你的产品或服务。

（2）明确表述为什么你的创新能及时解决用户的问题,填补市场的空缺。

（3）用简单而具体的数字来描述巨大的市场规模和潜在的远景。

（4）概括你的竞争优势。

（5）形容你和你的团队是一个"梦幻组合"。

（6）用简单而具体的数字和时间来概述你将如何在最短的时间内让投资人

赚翻。

（7）陈述你希望融多少钱、主要用来干什么。

四、商业计划书的构成

商业计划书是创业者商业理念的书面表达，它将判明市场机会并给出创业公司的发展规划。它的阐述必须建立在一系列科学的假设基础之上，并需要证明导致公司成功的假设是敏感和可信的。因此，撰写一份商业计划书是一项非常复杂的任务，必须按照科学的逻辑顺序对许多可变因素进行系统的思考和分析，并得到相应结论。在思路确定下来后，应当制定一个详细且合理的提纲，最好是按照商业计划或业务体系进行规划。

具体来说，商业计划书主要包括介绍创业项目的主体创业者或创业团队、创业项目做什么、提供什么样的产品或服务以及如何将创业计划书中介绍的想法落地，如何去执行创业计划。根据这些原则可以将创业计划书要展现的信息概括为以下七个要素。

（一）摘要

商业计划书摘要是风险投资者首先要看到的内容，它必须要激起投资人的兴趣，需要用精练的文字从各方面展现企业状况，介绍公司过去的发展历史、现在的情况以及未来的规划。

摘要大多包含以下几个方面的信息：商机描述、商业概念、行业概述、目标市场、竞争优势、经营模式以及诱人的盈利模式、团队和投资邀约等。摘要需要对商业计划有更加深入的了解，在完成计划书的其他部分之后再回过头来撰写。

商业计划书最重要的部分就是摘要。如果摘要没能吸引读者的注意，他们就不太可能会阅读计划书的其他部分，或者联系创业者以获取更多的信息，因此，创业者需要把摘要中最具吸引力的部分放在前面，也就是说在第一句或第一段就强调本次商业机会是有潜力的。这样才能抓住投资人的心。

（二）市场

这个部分的目的在于说明创业者所发现的"商业机会"究竟是否构成机会，市场有多大，为什么这是一个必须抓住的重要市场。首先从行业定义入手，从广义上看，公司属于哪一类行业。可以尽量把行业定义得宽泛一些，从而让阅读者能清晰地看到本次商机的巨大潜力,尽管实际操作中只是聚焦于一个细分市场。

需要用定义行业时所用的词汇来定义细分市场,尤其是要描述这个细分市场的规模、增长、主要企业、趋势等方面的内容,这些因素对创业构成重要影响。写这个部分的时候最常见的错误是只关注自己的公司。创业者切忌操之过急,应该理性、客观地分析整个行业,彰显市场空缺。

对市场的描述需要包括以下内容。

(1)描述市场空白点,或者存在的问题及其严重性(是否刚性需求)。

(2)确定公司有多少潜在用户(细分用户定位)。

(3)市场规模和前景如何(市场容量上限和发展趋势)。

(4)怎样行之有效地做市场(品牌定位和营销策略)。

与你的产品直接相关的市场数据越详细越好,这里所指的市场即你的微观市场、你力所能及的市场。

拓展阅读

数据的力量

"我有一个绝好的创意,它是关于一种新型的易于使用的付款方式,前景非常看好,是大家一直梦寐以求的。你可以从中赚很多钱······"

投资者会想:"听起来像是在吹牛。我以前听过100多个这样的神奇的方案······下一个!""我有一个创意,它能使拥有100名以上员工的公司节省3%—5%的成本。初步的成本价格分析表明,生产成本(或买价)与卖价之间的差额可能达到40%—60%。我发现可以通过中小型企业协会和×××杂志集中做广告,还可以用直销的方式进行销售。"

投资者会想:"哦!他已经找到了客户价值,甚至已经准备好了相关数据!他还考虑了市场潜力和利润潜力,并知道如何将产品送到顾客手里。现在我想看一下他的产品了······"

(三)竞争分析

对整体行业现状和未来趋势的分析,对竞争对手的了解和研判,明确竞争对手的优势和不足。评估你主要的潜在竞争对手,可通过销售量和销售收入(定价)、增长、市场份额、成本定位、产品类别、客户支持、目标客户群和分销渠道等指标评估。

竞争分析直接衍生自客户分析。具体说来,在已经明确行业所在的细分市场,并描述了客户和他们的需求的基础上,从客户分析过渡到竞争分析的关键因素,是了解客户对某一特定产品的需求究竟有什么特征。这些产品特征是与直接或间接竞争者比较的基础。竞争态势矩阵表是一个有用的工具,可以呈现这些产品特征,反映竞争者们对这种特征需求的应对之道。矩阵表很具象,不仅能抓住眼球,更能反映现今产品系列中的缺口,为描述竞争优势搭建了平台,对公司战略构成了基础。

　　用上述的相同指标评价自身,说明为什么这件事情你能做而别人不能做、你有什么特别的核心竞争力。创建竞争态势矩阵表的关键,是要理解市场看重什么,什么是常说的关键性成功因素。例如餐馆,人们选择就餐的地方通常有几点考虑,包括位置、菜品、价格与质量、氛围等。假如对客户有非常深入的了解,创业者应该能明确市场空间中哪些是关键性成功因素。一旦把握了这些关键性成功因素,就将竞争者和创业者的公司列入矩阵中,评估每个公司在关键成功因素上的表现,可以使用 SWOT 分析工具进行分析,如图 9-2 所示。

图 9-2　SWOT 分析

(四) 产品或者服务

产品和服务是商业计划书的核心内容,主要包括以下几点。

(1) 产品或服务对终端客户的价值。

(2) 产品或服务是通过什么技术或手段来实现的。

(3) 公司将向消费者提供什么。

(4) 消费者可得到的好处。

(5) 与市场已存在的产品或服务相比,该产品或服务有哪些优势。

　　对自己产品的服务性能各方面情况进行介绍,客观理性的市场分析是一个坚实的基础,完成了这个基础工程之后,才能准确地介绍公司和商业概念。这种介绍应该洋溢着创业者的激情,以更好地推销创业愿景,既要有理性的数据,又要有感性的召唤、数据的支持,简明扼要、切中要点的表述会让人过目难忘。

清晰描述了产品之后,将自己和竞争者的产品用图表方式直观地呈现出来,恰到好处地凸显公司的特别之处。在对手的竞争矩阵中选取两三个主要指标,就能发现自己公司在哪些方面与竞争对手存在巨大差异。对竞争者图表的呈现,能够直观地反映未来有机会填补的市场缺口。

(五) 时间计划

这是指在整个创业过程中规划重要的时间节点,在商业计划书中通常会包括产品的上线时间、企业收入零的突破时间以及财务指标盈亏平衡的预期时间点等。

(六) 财务分析和融资需求

风险投资者将会期望从财务分析部分来判断未来经营的财务损益状况,进而从中判断能否确保自己的投资获得预期回报。具体包括以下三方面的内容:①过去三年的历史数据,今后三年的发展预测;②投资计划;③融资需求。

商业计划书中绝大部分内容只是对商业机会以及如何运营的文字和图像表述。财务计划则是这些表述的数字表述。营收的增长体现机会的乐观前景;支出表明推送产品或服务所需的成本。现金流量表是针对潜在问题(或重大风险)的预警系统,资产负债表体现将生产与销售系统全面落实到位的所需资源。尽管如此,测算实际的财务数据对很多创业者而言确实是让人望而生畏的障碍,很多创业者会想到雇用一名会计来测算这些财务数据。这种想法是不正确的,自己亲手做这些测算工作虽然会劳心劳力,但这样会让创业者对自己公司的未来有真正的了解。

财务报表中的数字能反映所需从事的一切经营活动,测算过程中,创业者会知道哪些活动会增加收益或带动成本上涨,知道公司在发展并盈利时现金流如何会出现负值。此外,创业者日后还必须将自己的计划书展示给投资者和银行家,如果对这些数字知之不详,创业者的可信度会大打折扣。财务电子表格完成后,应该在每份报表前填写一段说明,解释影响这些数据的主要驱动力。

说明要有四个副标题:概述、损益表、现金流及资产负债表。①概述部分要突出影响收益和支出的假设。②损益表说明要将概述部分没有提到的影响收益和指出的因素进行比较详细的阐述。③现金流说明要提及现金注入的时间安排、应付账款、应收账款等。④资产负债表说明要解释清楚主要比例是如何随着公司成长变化的,如存货周转率,以及商品出售前存货时间是多长等。这些现金与存货之间的转换对公司的现金状况有重要影响,因为存货意味着现金积压套牢。

创业者的财务预测总是无可救药地显得乐观。他们在商业计划书里面,尤其是财务计划中,滥用的一个词就是"保守估计"。历史纪录证明,大多数创业者在财务预测时总是过于激进,专业的投资者能一眼看出这个问题。这往往会给公司估值带来巨大损害,更意味着创业者需要为融资放弃更多股权。怎样才能避免这种情况发生? 应该将自己公司的财务估算与现有其他公司的实际绩效做对比,从而证实预测的合理性。如果能说服投资者,相信预测是合理的,并引用现有其他公司数据为依据,那么公司将得到与期望值接近的估价。

(七) 团队介绍

团队在创业的道路上有着无可替代的作用,也是投资人重点考量的方面之一。这需要全面介绍公司管理团队情况,要展示领导者的人格魅力,以及管理团队的战斗力和凝聚力。

首先明确创始团队成员和他们的头衔。一般来说,主要创始人会担任首席执行官(CEO)一职。但如果创始人还很年轻而且商业经验有限,更有用的方式是阐明公司将在发展的过程中寻找合适的 CEO。在这种情况下,主要创业者可能是首席技术官(CTO)、业务拓展副总裁,甚至就是一个创始人。

确定责任和头衔之后,应该填写姓名和简介。简介要涵盖过往成功案例。如果创始人曾经开过公司,要突出公司的成就;如果没有创业经验,可以谈论以往工作中的成就。举例说,简介一般包括创业者曾经管理的人数,更重要的是经济成功方面的评价与数据,如部门销售增长 20%,创造过某项企业发展纪录,曾通过经营管理实现某个利润水平,曾为利益相关方创造价值等。简介中还要彰显创业者的个人领导能力。为支持、补充这些简介,可以在计划书的附录中加入个人简历。

五、创业计划书的撰写原则和撰写技巧

创业计划的读者对象是投资者、团队成员及合作方等。因此,一份好的创业计划书应该让以上对象对企业的产品与服务有明确的认识,并能向他们展示企业的亮点,必须真实呈现企业的实际情况、核心竞争力和创业团队情况。我们所提供的信息必须包括与项目有关的所有技术参数、经营功能与风险情况,如此才能充分体现自己的信心和能力,从而提高企业融资成功的概率。

（一）撰写原则

1. 循序渐进

创业计划要考虑的内容非常多，在创业计划书的写作过程中要注意逻辑性，循序渐进，避免杂乱无章、前后不一致。

2. 目标明确，优势突出

优秀的创业计划书一定要有一个明确的目标，能够呈现出项目的具体优势。优势不能面面俱到，一定要抓住核心。以下几点能够帮助我们明确计划书目标，突出项目优势：

第一，突出产品或服务的核心价值，在阐述中让投资者相信产品或服务的发展空间。

第二，写明目标市场规模，让投资人看到预期销售前景。

第三，分析竞争对手，阐明自己居于竞争态势中的位置，让投资人相信该企业是同行中的有力竞争者并能成为某领域中的领先者。

第四，介绍企业运营模式和盈利途径，让读者尤其是投资方对风险的担心降到最低。

第五，描述整个创业团队和管理团队的职责与目标，让投资人从你的创业团队中看到企业的未来。

3. 内容真实、体现诚意

创业计划书要体现项目的真实情况，包括企业可能面临的风险。成功与风险并存，优势与不足同在，任何一家企业都是如此。因此，在具体成文时，创业者一定要明确指出企业的市场机会、竞争威胁、潜在风险并尽量以具体资料为依据。关键还要分析可能的解决方法，绝不能含糊交代。同时，对所采用的假设、预估、会计处理方法等也要明确地说明。

4. 要素齐全，内容充实

创业计划书的内容和格式不是千篇一律的，但无论哪种项目的创业计划书都要涉及计划摘要、产品与服务、团队和管理、市场预测、营销策略、生产计划、财务规划、风险分析等内容。

5. 结构严谨，风格统一

如果我们的商业计划书让人读起来感觉很乱，表明它是失败的。受创业者精力、计划等因素影响,一份创业计划通常由多人合作完成。这就难免存在体例不一、风格迥异、结构松散等问题。为了创业计划书的完美,最后应由创业团队中的某一人统一定稿。

6. 详略得当,篇幅适当

一份创业计划书,不能因为创业者熟悉哪些方面就详细叙述哪些方面,也不能因为哪些方面容易驾驭就将其作为整篇的重点。计划书的对象可以是投资者,可以是银行,也可以是企业自身,不同的目的也会使计划书的侧重点有所不同。因此,创业计划书一定要把握适度原则。在一般情况下,要着重强调企业的优势和持续盈利的原因,如市场分析、制订计划、竞争分析、营销方案、成本预算、风险分析与应对策略等。

(二) 撰写技巧

创业计划书不同的章节有不同的撰写技巧。

1. 封面

总体风格要简洁大方,线条要美观流畅,公司名称、总经理姓名、联系方式等文字要易认明朗。

2. 目录

明晰各章节标题及所对应的页码,通常不超过 3 页。

3. 摘要

作为计划书的浓缩版,摘要讲求以简洁的手法勾勒出一幅诱人的图景以感染投资家。语意精益求精,语句清晰流畅,语言富有感染力。篇幅以 1—2 页为宜。

4. 企业概况

简单明了,概括即可。重点介绍该企业的与众不同之处。

5. 市场分析

包括市场需求现状、市场竞争现状、企业产品在市场中的地位预测。要以平实的语言进行说明。

6. 产品介绍

对于产品或服务是什么,简明地讲清楚即可,没有必要介绍太多的技术原理和内容;产品或服务的特点,重在市场化的特点;附带产品原型、图片,以吸引读者,加深读者对产品的印象。

7. 组织结构

组织结构最好采用图表形式，一目了然；对于创业团队的描述关键是叙述管理者的素质和能力；经验和经历也很重要，大胆起用新人要说明理由。

8. 营销策略

需要把营销计划、宣传策略、价格决策和营销队伍几大要素先概括后具体地讲清楚。核心问题诸如市场竞争是否激烈，激烈到何种程度，当市场成长时市场占有率是上升还是下降，客户在哪里，怎样预算，应对策略如何等，缺一不可。

9. 生产计划

把设备现状与更新、质量控制与改进以及新产品投产计划讲明即可。

10. 财务规划

重点是提供未来 3 年的现金流量表、资产负债表以及利润表。

11. 风险分析

风险在哪里？如何应对？资本如何积累？最好和最坏的设定是怎样的？将这些问题解答完毕，这一部分的编写就到位了。

12. 附录

将管理层简历、销售手册、产品图纸、其他说明等需要补充的材料附加在此即可。

创业计划书的写作有一定的原则可依，有一定的技巧可讲，但并不意味着所有的创业计划书千篇一律。项目不同，用途不同，创业计划书的内容和结构也不同。有的创业计划书仅供内部参考，有的为了寻找合作伙伴，有的为了吸引风险投资，有的为了向投资人汇报。总之，创业计划书是个性的体现，并没有通用的模板。

尽管如此，成功的创业计划书还是有一些共同特征的，即客观真实、有效、可行性强、讲求逻辑。

拓展阅读

创业计划书的测评

由于创业计划书所选择的创业项目、创业环境、创业人员等各方面都存在差异，所以要想对一个创业计划书的优劣进行准确评价非常不容易。目前，投资人员和创业大赛的评审多采用量化打分制来评定创业计划书之间的差异,参考比赛及专家经验,提供以下创业计划书的评价体系供创业者对自己的创业计划自评:

表9-5 创业计划书的评价体系

评价指标	评价标准
执行概要	简明、扼要,具有特色
产品(服务)	能够满足关键顾客需求,适应市场
竞争	分析行业内现有及潜在竞争者,有应对策略
市场	了解市场变化趋势及潜力,预估市场份额和销售额
营销	构建合理的促销渠道,保持和提高市场占有率
经营	材料的供应、设备的运行、人力的安排,准确合理可操作
组织	团队成员明确管理分工,做到优势互补
财务	资金流量、变动情况及持久性发展
总体评估	条理清楚、重点突出、数据准确

图片、颜色与投资决策

在创业和战略决策研究中,视觉暗示的效应常常被忽略。事实上,在创业投资决策初始的筛选阶段,视觉暗示例如图片、图表、颜色等作用很大。在筛选阶段,投资人往往要评估大量的商业计划书,面对信息过载和时间精力的约束,投资人会倾向于依赖启发式加工的方式快速处理信息做出决定。

相对于文字信息而言,图片更容易识别,更容易让人记住,传递信息也更加形象。在初始的筛选阶段,在商业计划书中展示产品图片,更能够引起风险投资的好感。据此他们提出了第一个假说:在商业计划书中展示的产品图片越多,受欢迎程度越高。

其次,商业计划书运用的颜色也很讲究。不同的颜色象征的含义不同,这些含义又因不同的使用情景而变化。举例来说,红色在关系类的情景(如约会)中象征吸引力,但在成绩类的情景(如教育、投资)中却象征危险和警告。并且,对颜色的偏好具有文化差异。在很多亚洲国家,红色象征财富和繁荣,因此通常用于表示股市上涨,这与北美国家正好相反。创投决策用红色象征危险和警告,因此会引起人们的警觉并使他们产生风险回避行为,降低对投资者的吸引力。并且,红色的使用还使投资人更加谨慎,更加小心翼翼地用各种衡量标准去评估商业计划书的各种细节。此外,投资者对红色的反感还会传递到商业计划上。

那么,商业计划书用什么颜色效果更好呢?答案是蓝色。蓝色通常令人联想到宁静和安全,并且令人向往。因此蓝色会影响人们的认知加工行为与评价的倾向。蓝色让人开阔视野,促进创新,激发创意。蓝色一般与安全的环境联系在一起,这种联系让人更倾向于给出正面的评价。

研究发现,在创投决策的筛选阶段,在商业计划书中运用蓝色,会激发投资人追求探索、愿意承担风险的行为,并且倾向于肯定此商业计划的未来成长性和盈利性。

翻转课堂

【主题】创业计划书撰写技巧。

【目标】帮助学生区分商业计划书的优缺点,去粗取精。

【建议时间】15 分钟。

【材料准备】准备一份商业计划书。

【活动步骤】

表 9-6　准备一份商业计划书

步骤一	老师准备一份商业计划书,它可以是优秀的商业计划书,也可以是一般的商业计划书
步骤二	采用随机的方式进行分组,每组 4—6 人为宜
步骤三	以小组为单位根据撰写原则和技巧内容对该商业计划书进行点评
步骤四	老师对小组发言进行总结

第四节　大学生创业风险及防范

一、什么是创业风险

创业过程就是创业机会、资源、团队之间高度配置适当的动态平衡过程,但随着时空的变迁、机会模糊、市场不确定性、资本市场风险及外在环境等因素的冲击,这三个要素也会因为相对地位的变化而产生失衡的现象,这种失衡现象称为创业风险。一般从两个角度理解风险,一是强调了风险表现为结果的不确定性,一是强调为损失的不确定性。前者属于广义上的风险,说明未来利润多寡的不确定性。后者属于狭义上的风险,只能表现为损失,没有获利的可能性。风险的核心含义是,未来结果的不确定性或损失。如果采取适当的防范策略使破坏或损失的概率不会出现或者说在理性判断的基础上,继而采取及时而有效的防范措施,那么风险可能带来机会。由此进一步延伸的意义,不仅仅是规避了风险,可能还会带来比例不等的收益。这就是为什么有时候风险越大,回报越高。因此如何判断风险、选择风险、规避风险继而运用风险,在风险中寻求机会创造收益,意义将更加深远而重大。鉴于此,大学生创业风险是指在大学生创业者的创业过程中,因创业环境的多变性和不确定性,创业机会的复杂性,创业企业的多样性,大学生创业者及其创业团队的能力不足,以及创业投资者实力有限等因素而导致创业结果的不确定性。

二、大学生创业常见的风险及防范建议

(一)创业环境风险

创业环境是指围绕创业者的创业和发展变化,并足以影响或制约创业行为的一切外部条件的总称。创业环境与创业活动是相互作用的,对创业的成败起着决定作用。硬环境是指创业环境中有形要素的总和(基础设施、自然区域、经济区域等);软环境是指无形的环境要素的总和(政治、法律、经济、文化环境等)。

创业环境风险主要来源于目标行业的进入壁垒,进入壁垒是新进入企业与在位企业竞争过程中所面临的不利因素,即它仅指新进入企业才须承担而在位企业无须承担的(额外的)生产成本。行业进入壁垒包括生产规模、顾客品牌转移(品牌,消费者的习惯和偏好)、投资量的大小(技术研发、人才等)、销售渠道限制、资源竞争、技术进步速度等。

大学生创业之前要先对创业环境进行仔细分析。首先是金融工具、政策方面支持。如所在城市是否有对大学生创业提供金融支持的会计师事务所或者有无税收优惠政策以及对提高大学生创业知识的培训与教育;如果从事制造业的还应该留意政府采购项目和科研成果转移。其次,对目标市场的开放程度和进入难度进行考察,初步把握市场竞争的情况。再次,还要大概了解当地的基础设施,如土地、交通、网络、法律服务机构的分布和使用情况。最后要确保所创的企业符合当地的社会文化和经济发展趋势。

（二）人力资源管理风险

人力资源管理,是在经济学与人本思想指导下,通过招聘、甄选、培训、报酬等管理形式对组织内外相关人力资源进行有效运用,满足组织当前及未来发展的需要,保证组织目标实现与成员发展的最大化。造成人力资源管理风险的原因主要有以下几个。

(1)成员的目标与团队目标不一致。

(2)创业团队成员关系不和谐。

(3)团队角色配置不合理。

(4)成员不能很好地遵守团队纪律。

针对创业人力资源管理风险,大学生创业者要学会用正确的方法手段构建目标统一、价值观和谐的团队,重点关注团队成员的股份比例、薪酬待遇方面的科学设计,应该有动态的发展观,团队组成应随着成员的实际贡献的变化而变化,建立一套完善的内部调节机制。

（三）创业项目选择的风险

创业项目选择风险是指在创业初期因选择的创业项目不当,导致企业无法盈利而难以生存的风险。创业项目选择的风险主要来源于项目市场需求量的不确定性、项目市场接收时间的不确定性和项目产品的市场扩散速度的不确定性。

大学生创业项目选择风险防范:创业前进行详细的市场评估和预测并写好创业计划书。

（四）市场营销风险

市场营销风险是指企业制订并实施的营销计划与其营销环境的不协调,从而使营销策略无法顺利实施,导致目标市场缩小,无法实现盈利的可能性。

大学生创业市场营销风险控制的主要手段有以下两种。

(1)建立市场监测及策略调整机制,也就是在企业运营过程中,定期分析市场,保持对关键市场信号的敏感度,结合试销阶段,调整前期制定的营销策略。

(2)借助行业中强势企业的力量,借船出海,能有效规避市场风险。

（五）管理风险

创业管理风险是指:在创业管理运作过程中因信息不对称、管理不善、判断失误等影响管理的水平,而导致创业失败的风险。

1. 管理风险来源

(1) 创业者的素质。如果创业者缺乏专业技术和管理素质,就会局限在产品的创新上,而忽略了市场、管理方面的创新,给企业带来风险

(2) 决策。创业者在企业初期往往是最终的决策者,决策一旦失误则会导致不可估量的损失,根据自己的偏好或凭经验、运气,不进行科学分析的决策都可能导致创业的失败。

(3) 组织结构。新创企业的迅速发展如果不伴随组织结构的相应调整,往往会成为企业潜在的重大危机,随着企业的发展解决的难度也会越来越大。

2. 大学生创业管理风险防范

(1) 创业者要培养企业家的精神,锻炼自我的诚信力、决策力、管理力、创新力、社交力、理财力。

(2) 阅读管理类书籍,掌握科学的管理理念和方法,并运用到创业团队的管理中去。

(六)财务风险

财务风险是指:公司财务结构不合理、融资不当使公司可能丧失偿债能力而导致投资者预期收益下降的风险。企业财务风险产生的原因很多,既有企业外部的原因,也有企业自身的原因,而且不同的财务风险形成的具体原因也不尽相同。

大学生创业财务风险防范的措施主要有以下几种。

(1) 建立一套完整的风险预警机制和财务信息网络。

(2) 保持自有资金和借入资金的比例和适当的负债结构(长短结合,避免还款期过于集中或处于销售淡季),当投资利润率高于利息率时,企业扩大负债,适当提高借入资金与自有资金之间的比例,就会增加企业权益资本收益率;反之,投资利率低于利息率时,企业负债越多,企业权益资本收益率也就越低,严重时企业会发生亏损甚至破产。

(3) 制订还款计划,谨慎负债。利用举债加速企业发展的同时,必须加强企业管理,加速资金周转,努力降低资金占用额,尽力缩短生产周期,提高产销率,降低收账款项,保证企业信誉。

大学生创业者必须充分利用有限的资金,在人才、技术、产品与市场份额上取得一定的竞争力,及时建立完善的风险管理体系,从而达到控制风险的目的。风险

管理的目的并不是消灭风险,而是有准备地、理性地进行创业,减少风险的损失。良好的风险管理能获得巨大的经济效果,同时它有助于企业竞争能力的提高,素质和管理水平的提高。只能这样,新创企业才能在竞争日趋激烈的市场中保持长久持续的发展。

助力成长

什么是优秀的创业计划书?

最符合特定投资者需求的商业计划书就是最优秀的计划书,因此撰写符合"投资者兴趣的商业计划书"就是唯一标准。

1. 外表

装订美观大方,字体合适,图案清晰。不要错字连篇,那将极大影响投资者对你的项目的评价,毕竟投资者到目前为止还只能通过这篇商业计划书来了解你的项目和你的为人。

2. 内容

商业计划书的内容格式一般都有固定标准,大同小异,但几个重点方面需要特别注意。

——产品独特之处,特别是该项目的进入壁垒。

——市场分析,一定要给投资者清晰的目标顾客概念,潜力分析要有理有据。

——赢利模式,客户为何必须购买你的产品,收入怎么到达你的公司,增长潜力有多大。

——近期和中期资金使用计划(现金流)。

——公司战略与产品竞争策略,这也是投资者关心的焦点问题。

——营销模式是否有效。

以上是一份商业计划书是否能打动投资者的关键问题,商业计划书是否优秀便可以从以上几个关键问题看出来。事实上,一份真正优秀的商业计划书对于一个企业来讲是十分重要的,不仅仅在于其对企业运营的方向、策略方面的重大指导作用,而且对于企业的融资成功也是至关重要的。

质量差的商业计划书的缺陷

1. 对产品描述不清晰或不准确。
2. 对产品或服务的优势描述不到位。

3. 对行业前景描述模糊,不能让投资人清晰地看到产品或服务在行业中的合理发展空间。

4. 项目商业模式的阐述存在严重漏洞或缺陷。

5. 项目融资结构安排不合理。

6. 项目估值过高或过低。

7. 项目财务分析不明白、不合理,现金流测算不正确,等等。

——袁兴国:《大学生科技创新与创业基础》,南京大学出版社,2015 年版

本章思考与讨论

1. 好的创业机会一般应具备哪些要素?

2. 优秀的创业团队一般都具有哪些特点?

3. 好的创业计划书一般应符合哪些标准?

4. 大学生应如何防范创业风险?

本章学习日记

参考文献

[1] 贲智勤,姚春雷.大学生就业创业指导[M].南京:南京大学出版社,2016.

[2] 丛子斌.创新创业教育[M].北京:高等教育出版社,2016.

[3]《大学生就业指导教程》编委会.大学生就业指导教程[M].北京:北京邮电大学出版社,2013.

[4] 郭鹏,郭文凯.职业生涯规划[M].北京:清华大学出版社,2016.

[5] 金万祥,宁军胜.大学生职业发展与就业指导[M].北京:科学出版社,2011.

[6] 金琰.职业素养[M].北京:机械工业出版社,2016.

[7] 李俊琦.职业素质与就业能力训练[M].北京:清华大学出版社,2009.

[8] 梁玉国,夏传波.高职院校学生职业核心能力培养与训练[M].北京:机械工业出版社,2012.

[9] 吕平.大学生职业生涯规划与就业创业指导[M].天津:南开大学出版社,2018.

[10] 施振荣,蔡志忠.创新的6种形式[M].台湾:大块文化出版社,2000.

[11] 苏春海.大学生核心就业能力培训读本[M].南京:江苏凤凰教育出版社,2017.

[12] 汤锐华.大学生职业规划与发展·职业规划与职业素养[M].3版.北京:高等教育出版社,2018.

[13] 田永伟,吴迪.大学生职业发展指导[M].北京:光明日报出版社,2019.

[14] 仝广东.大学生职业发展与就业指导[M].南京:东南大学出版社,2009.

[15] 王渤.大学生职业生涯规划与就业指导[M].南京:南京大学出版社,2018.

[16] 王璐,李翠萍,朱秀芬.大学生职业生涯规划[M].北京:高等教育出版

社,2018.

[17] 王士恒,伍学雷. 职业规划与自我管理[M]. 北京:高等教育出版社,2013.

[18] 王玉斌,王云涛,朱立峰. 大学生职业发展与就业指导[M]. 郑州:郑州大学出版社,2018.

[19] 吴朝辉,赵淑芬. 职业素养训练[M]. 北京:中国水利水电出版社,2016.

[20] 谢钢. 高校心理委员培训教程[M]. 北京:化学工业出版社,2010.

[21] 曾叔云. 创新之道:中外企业创新经典案例教程[M]. 北京:企业管理出版社,2010.

[22] 张子睿. 创新与创业[M]. 北京:新华出版社,2018.

[23] 张震宇,周妍. 为你推开那扇门:大学生就业指导[M]. 南京:南京大学出版社,2018.

[24] 赵蕾,徐爱玲. 大学生就业指导[M]. 南京:南京大学出版社,2018.

[25] 庄明科,谢伟. 职业素养入门与提升[M]. 北京:北京理工大学出版社,2009.

[26] 钟谷兰,杨开. 大学生职业生涯发展与规划[M]. 上海:华东师范大学出版社,2016.

[27] 朱益新. 创业实务[M]. 北京:中国人民大学出版社,2017.

[28] 方显峰. 职业院校就创业困境与突破[J]. 天津职业院校联合学报,2019(3).

[29] 蒋玥. 高校毕业生就(创)业指导探索[J]. 新疆职业教育研究,2018(3).

[30] 沈昕宇. 高职院校学生就创业指导的现状及对策[J]. 农家参谋,2018(8).

[31] 孙明. 创新思维与方法课程运用翻转课堂教学模式的探索与实践[J]. 教育现代化,2018(35).

[32] 孙珊. 高校服务大学生创新创业"生态圈"模式的构建[J]. 教育与职业,2019(5).

[33] 郑燕玲,王宏海."树立创新意识是唯物辩证法的要求"教学设计[J]. 思想政治课教学,2013(5).